ellermann im Dressler Verlag GmbH · Hamburg
© 2016 Dressler Verlag GmbH, Poppenbütteler Chaussee 53, 22397 Hamburg
Alle Rechte vorbehalten
Einband und farbige Illustrationen: Barbara Korthues
Lektorat: Simone Hennig, Hamburg
Printed 2016
ISBN 978-3-7707-4296-7
www.ellermann.de

Maren von Klitzing

Liest du mir was vor?

Mit Vorleseglücksrad

Bilder von Barbara Korthues

ellermann im Dressler Verlag GmbH · Hamburg

Inhaltsverzeichnis

So funktioniert das Vorleseglücksrad

Jetzt macht Vorlesen noch mehr Spaß: Mit dem Vorleseglücksrad auf dem Buchcover entscheidet der Zufall, welche Geschichte als Nächstes vorgelesen wird. Einfach den Zeiger anschnipsen, das kleine Bild im Inhaltsverzeichnis suchen und die entsprechende Geschichte vorlesen.

Und für alle, die sich lieber selbst eine Geschichte aussuchen möchten: Schnell den Zeiger auf dem Buchcover auf das Lieblingsbild stellen, dieses im Inhaltsverzeichnis suchen und die Geschichte vorlesen.

Kirschkerne spucken und verschlucken

Nils sitzt zusammen mit seinem besten Freund Lasse auf der Terrasse. Auf seinen Knien balanciert er eine Schale mit Kirschen. Nils und Lasse stecken sich eine Kirsche nach der anderen in den Mund. Die schmecken so gut! Doch das Beste an den Kirschen sind die Kerne. Die Jungen spucken sie im weiten Bogen auf den Rasen. Und derjenige gewinnt, dessen Kirschkern am weitesten fliegt.

Aber diesmal hat es bei Nils gar nicht geklappt. »Ups, ich habe einen Kirschkern verschluckt«, sagt er.

»Dann wächst in deinem Bauch jetzt ein Baum«, sagt Lasse und kichert. »Wenn er groß genug ist, kommen Blätter aus deinen Ohren. Und wenn er noch größer wird, wachsen Kirschen an dem Baum.«

»Echt?« Nils schielt auf seinen Bauch. Spürt er nicht schon, wie darin der Kirschkern keimt? »Super, dann kann ich immer Kirschen essen«, sagt er und lacht.

»Das ist wirklich gut«, sagt Lasse. Aber ganz sicher klingt er dabei nicht. Ob er auch gern hätte, dass ein Baum in seinem Bauch wächst?

Nils kann es kaum erwarten. Er steht auf und läuft ins Haus. Mit einem großen Wasserglas in der Hand kommt er zurück. »Pflanzen muss man gießen«, sagt er und leert das Glas in einem Zug. »Jetzt kann der Kirschbaum besser wachsen«, verkündet er zufrieden.

Lasse schaut Nils nachdenklich an. »Gibst du mir später ein paar Kirschen ab?«, fragt er ihn.

Nils zuckt mit den Achseln. »Mal sehen.«

Da nimmt auch Lasse eine Kirsche und schluckt sie mitsamt dem Kern runter. »Wem zuerst ein Blatt aus den Ohren wächst, der hat gewonnen!«, sagt er. »Das ist noch viel besser als Kirschkerne spucken.«

Am nächsten Morgen treffen Nils und Lasse sich in der Kita. Nils stellt sich dicht vor seinen Freund. »Kannst du mal in mein Ohr gucken?«, fragt er. »Wächst da schon was?«

»Nö«, sagt Lasse. Dann ist er an der Reihe. »Und was ist bei mir?«, fragt er und lässt Nils in sein Ohr schauen.

»Nichts«, antwortet Nils. »Nur ein bisschen Dreck.«

»Okay«, sagt Lasse. »Wollen wir spielen?«

Die beiden Freunde denken gar nicht mehr an die Kirschkerne. Sie bauen eine große Garage aus Bausteinen und spielen mit den Autos. So vergeht der Tag. Am Nachmittag wird Nils von Mama aus der Kita abgeholt. Zu Hause darf er bis zum Abendessen spielen. Vor dem Schlafengehen bekommt Nils noch wie jeden Abend eine Gutenachtgeschichte vorgelesen, und danach schläft er ein.

In der Nacht wird Nils wach. Sein Bauch fühlt sich so merkwürdig an. Er steht auf und tappt durch den Flur. Im Badezimmer schaltet er das Licht an und schaut in den Spiegel. Was ist denn das? Nils reibt sich die Augen und kommt mit seinem Gesicht ganz nah an den Spiegel. Das gibt's doch nicht! Aus seinen Ohren wachsen zarte Zweiglein mit hellgrünen Blättern. Und sie werden immer größer. Während er sich noch im Spiegel betrachtet, entfalten sich die Blätter. An den Ästen bilden sich Knospen, die sich zu Blüten öffnen. Sie verströmen einen wunderbaren Duft. Nils zieht die Luft ein.

Er lächelt zufrieden. Dann hat es also doch geklappt! Vorsichtig berührt er die Zweige. Sie sind noch ganz dünn und biegsam, und sie sehen hübsch aus. Es ist ein bisschen so, als hätte er ein kleines Hirschgeweih.

Nils geht in sein Zimmer zurück und kuschelt sich in sein Bett. Es ist ja mitten in der Nacht, und er möchte noch ein bisschen schlafen. Auf die Seite kann er sich nicht drehen, weil sonst die Äste abbrechen. Also bleibt er auf dem Rücken liegen. Was wohl passiert, wenn er aufwacht? Ob der Baum dann noch größer geworden ist?

Nils schließt die Augen. Aber lange kann er nicht schlafen. Ein Vogel sitzt auf dem rechten Ast und zwitschert ihm ins Ohr.

»He, was soll der Lärm?«, beschwert sich Nils. »Lass mich schlafen!«

Statt einer Antwort setzt der Vogel ein Häufchen auf seine Bettdecke und flattert davon.

»Igitt«, murmelt Nils. Er betastet die Zweige an seinen Ohren. Sie sind noch dicker und länger geworden. Und nicht nur Vögel scheinen gern im Kirschbaum zu leben. Jetzt spielen auch zwei Eichhörnchen in den Ästen und laufen über seinen Kopf.

»Aua, das reißt an den Haaren«, ruft Nils. »Hört auf!« Er verscheucht die Eichhörnchen mit den Händen und öffnet das Fenster, damit sie sich einen anderen Baum suchen können.

Nun ist Nils endgültig wach. Er steht auf und zieht sich an. Das ist allerdings nicht so einfach, denn kein Pullover passt über seinen Kopf. Deshalb zieht er einfach eine Jacke über seinen Schlafanzug.

Nils' Papa wundert sich nicht schlecht, als Nils
zum Frühstück kommt. Und auch in der Kita gibt
es ein großes Hallo. Alle Kinder seiner Gruppe
stehen um ihn herum und schauen ihn neugierig
an. »Was hast du denn da am Kopf?«, fragt Sophie
schließlich.

»Das ist ein Kirschbaum«, erklärt Nils. »Er ist in meinem Bauch gewachsen und wird größer und größer.«

»Kann man darin klettern?«, fragt Anna, und bevor Nils
etwas sagen kann, greift sie schon mit den Händen nach einem
Ast, um sich hinaufzuschwingen.

Nils gerät aus dem Gleichgewicht und fängt an zu taumeln. »Vorsicht, du
bist zu schwer!«, sagt er.

Da kommt Lasse in die Kita. Er sieht heute irgendwie anders aus. Nils muss
lachen. Auch aus Lasses Ohren wächst ein Baum. Na, so was!

Nils und Lasse finden es super, dass sie beide einen Kirschbaum haben.
Es ist aber gar nicht so leicht, zusammen zu spielen. Als sie sich auf den
Teppich setzen, um mit den Autos zu spielen, verhaken sich ihre Äste in-
einander. Es dauert ganz schön lange, bis sie alle Äste entwirrt haben und
zum Mittagessen gehen können. Als Lasse und Nils endlich am Tisch sitzen,
starren alle Kinder sie an.

»Was gibt es zum Nachtisch?«, fragt Nils, als er mit dem Essen fertig ist.
Die Kinder um ihn herum fangen an zu lachen. »Kirschen natürlich!«, rufen
sie.

Und wirklich. An Nils' und Lasses Ästen hängen dicke rote Kirschen. Nils
steckt sich eine davon in den Mund. Mhm, das ist die leckerste Kirsche, die
er jemals probiert hat. »Bedient euch!«, sagt er dann zu den anderen Kindern. »Wartet mal, ich helfe euch.«

Nils steht auf und setzt sich in die Mitte des Gruppenraums. So kommen alle gut an die Kirschen. Lasse setzt sich in seine Nähe und lädt die Kinder ebenfalls zum Pflücken ein.

»Und was machen wir jetzt?«, fragt Nils seinen Freund, als die Kirschen abgeerntet sind.

»Wir gehen nach Hause«, sagt Lasse. Und er hat recht, denn der Kitatag ist vorbei.

12

Da ist ja auch schon Nils' Mama. »Was ist denn mit dir passiert?«, fragt sie ihn. Heute Morgen war sie schon bei der Arbeit, als Papa Nils in die Kita gebracht hat. »Mit den vielen Ästen passt du ja gar nicht durch die Tür.«

»Müssen Lasse und ich jetzt in der Kita übernachten?«, fragt Nils.

»Aber nein«, tröstet Mama ihn. »Wir holen den Gärtner. Der schneidet eure Äste, und dann nehmen wir euch mit.«

Gesagt, getan. Der Gärtner kommt und bringt seine Motorsäge mit. Die ist sehr laut. Merkwürdig nur, dass sich das Motorengeräusch für Nils wie das Klingeln seines Weckers anhört …

Nils schlägt die Augen auf. Mama sitzt an seinem Bett. »Guten Morgen, mein Schatz, hast du gut geschlafen?«

Nils reibt sich verwundert die Augen. Dann tastet er nach seinen Ohren. Da sind keine Äste. Sie sind weg. Als Nächstes schaut er zur Bettdecke. Da ist auch kein Vogelhäufchen. Er atmet erleichtert auf. Dann hat er das alles wohl nur geträumt? Schnell zieht Nils sich an. Das geht ohne Baum viel einfacher.

Am Nachmittag verabredet er sich wieder mit Lasse. Der bringt eine große Tüte Kirschen mit. Aber diesmal spucken Nils und Lasse alle Kerne aus. Kirschkernspucken ist eben doch besser, als Kirschkerne zu verschlucken.

13

Eine Oma für sich allein

Maras Oma lebt in einer anderen Stadt. Das ist schade, weil Mara sie nur selten besuchen kann. Doch wenn sie mit Mama und ihrer kleinen Schwester Alina zu Oma fährt, übernachten sie bei ihr und bleiben meistens mehrere Tage. Und das wiederum ist schön. Gleich nach dem Aufstehen läuft Mara dann immer in Omas Zimmer. Während dieser Zeit wickelt Mama Alina und zieht sie an. Mara hat ihre Oma dann ganz für sich allein.

Endlich ist es wieder so weit. Mara, Mama und Alina sind nach einer langen Autofahrt vor Omas Haus mit dem großen Garten angekommen. Mama trägt die Koffer hinein. Oma hat für alle gekocht. Es gibt Pfannkuchen, Maras Lieblingsgericht. Der Duft weht ihnen schon an der Haustür entgegen.

Beim Abendessen besprechen sie, was sie am nächsten Tag unternehmen wollen. »Ich komme in dein Zimmer, sobald ich aufgewacht bin, Oma«, sagt Mara.

»Das ist gut«, sagt Oma und lacht. »Dann koche ich dir einen schönen Kakao, und wir zwei können so richtig gemütlich plaudern.« Darauf freut Mara sich sehr.

Bei Oma schläft Mara in einem eigenen Zimmer. Das ist gut, denn so weckt Mara ihre kleine Schwester nicht auf, wenn sie früh wach wird.

Mama liest Mara vor dem Einschlafen noch eine Geschichte vor. Aber Mara hört gar nicht richtig zu. »Wann kann ich denn morgen zu Oma gehen?«, fragt sie.

»Schau mal«, sagt Mama und zeigt auf die Uhr, die auf dem Nachttisch steht. »Wenn der große Zeiger hier steht und der kleine Zeiger dort, dann darfst du aufstehen. Vorher nicht. Auch Omas brauchen ihren Schlaf.«

»Alles klar«, sagt Mara.

»Gute Nacht, meine Große«, sagt Mama.

Doch Mara kann nicht einschlafen, ob-
wohl sie sehr müde ist. Immer wieder
schaut sie zur Uhr. Sie muss aufpassen, wann der Zeiger an der richtigen
Stelle steht. Mara blinzelt müde. Ihre
Augen werden ihr schwer. Ist es jetzt
endlich so weit? Nein, immer noch
nicht. Mara gähnt. Ob die Uhr stehen
geblieben ist? Mara greift danach und rüttelt
ein bisschen daran. Aber die Uhr tickt, und der
Zeiger bewegt sich. Schneckenlangsam.

Die Tür geht auf, und Mama kommt herein. »Was ist denn hier los?«, fragt sie. »Du bist ja immer noch wach. Warum schläfst du nicht?«

»Das geht nicht«, sagt Mara. »Ich muss doch aufpassen, wann der Zeiger an der richtigen Stelle steht.«

»Aber das dauert noch viele, viele Stunden«, sagt Mama. »Erst morgen früh ist es so weit.«

»Wirklich?«, fragt Mara und gähnt schon wieder. Die Augen fallen ihr zu, und im nächsten Moment ist sie auch schon eingeschlafen.

Als Mara aufwacht, reibt sie sich verschlafen die Augen. Es ist ganz dunkel im Zimmer. Aber vielleicht ist es trotzdem schon Morgen, und Oma wartet längst auf sie? Mara schlägt die Bettdecke zurück und steigt aus dem Bett. Langsam tastet sie sich in der Dunkelheit vorwärts.

Im Flur muss sie erst überlegen, wo Omas Schlafzimmer ist. Hier vielleicht? Mara öffnet eine Tür und geht hinein. Sie kann kaum die Umrisse der Möbel erkennen, aber nun steht sie vor einem Bett. Und darin schläft jemand.

»Oma?«, flüstert Mara und rüttelt mit ihrer Hand sanft die Schulter. »Bist du schon wach?«

»Mara, geh bitte sofort wieder ins Bett«, sagt Mama mit müder Stimme. »Es ist mitten in der Nacht. Oma möchte schlafen und ich übrigens auch.«

Ach so, das ist gar nicht Oma, sondern Mama. Mara ist wohl in das falsche Zimmer gegangen. »Na gut«, sagt sie. Leise verlässt sie das Zimmer und kehrt in ihr Bett zurück. Mara kriecht unter die Decke und schläft weiter.

Als sie erwacht, ist es hell im Zimmer. Die Vorhänge sind zurückgezogen, und draußen scheint die Sonne. Mara schaut auf die Uhr. Der Zeiger ist ja schon wieder nicht da, wo er sein sollte! Im ganzen Haus duftet es nach Kaffee, und aus der Küche hört sie Stimmen. Mama, Alina und Oma. Sind die etwa alle schon wach? Und was ist mit ihrem Kakao, nur mit Oma allein?

Mara klemmt sich ihr Schnuffeltuch unter den Arm und geht in die Küche, um zu sehen, was da los ist.

»Guten Morgen, Mara«, begrüßt Oma sie vom Frühstückstisch aus. »Hast du gut geschlafen?« Mara schüttelt den Kopf. Sie hat auf einmal richtig schlechte Laune. »Ich wollte doch zu dir kommen, Oma.«

»Ich weiß«, sagt Oma und tupft sich mit der Serviette den Mund ab. »Vorhin habe ich nach dir gesehen, aber du hast so fest geschlafen, dass ich dich nicht wecken wollte.«

»Dann ist es jetzt gar nicht mehr früh am Morgen?«, fragt Mara.

»Nein, es ist schon etwas später«, sagt Mama. »Du siehst ja, wir sitzen bereits beim Frühstück. Oma hat frische Brötchen besorgt. Magst du auch eins?«

»Nö, ich will keine blöden Brötchen«, sagt Mara, und ihre Lippen fangen an zu beben. »Ich wollte mit Oma plaudern und Kakao trinken. Mit Oma allein.«

»Ich hätte da eine Idee«, sagt Oma und streicht Mara über die Haare. »Was hältst du davon, wenn du nächste Nacht bei mir im Zimmer schläfst? Sobald ich wach bin, wecke ich dich. Dann kannst du gar nicht verschlafen.«

»Oh ja«, sagt Mara und wischt sich mit dem Pyjamaärmel ein paar Tränen aus den Augen.

»Aber du darfst Oma in der Nacht nicht wecken«, sagt Mama. »Versprochen?«

Mara nickt. »Versprochen.« Doch es besteht gar keine Gefahr. Denn in der nächsten Nacht schläft Mara so fest und gut neben Oma, dass Oma sich frühmorgens heimlich in die Küche schleichen kann. So kommt es, dass Mara mit einer Tasse heißem Kakao geweckt wird. Und dann sitzen sie da und plaudern. Oma und Mara. Nur sie zwei allein.

Der Pommesgärtner

»Fertig«, verkündet Sophia. Sie steht mit der Schaufel im Garten und zeigt zufrieden auf das kleine Beet, das sie gerade umgegraben hat. »Hier werde ich Karotten säen«, sagt sie zu Luis, der seiner großen Schwester bei der Gartenarbeit zuschaut.

Sophia öffnet die kleine Papiertüte mit den Karottensamen und lässt sie in die schmale Rille fallen, die sie in die Erde gedrückt hat. Die Samen deckt sie mit Erde zu. Dann können sie nicht wegwehen, und kein Vogel pickt sie auf. Zum Schluss wässert sie ihr Beet mit der Gießkanne.

»Bald wachsen die kleinen Karottenpflanzen aus der Erde«, erklärt Sophia. »Und nach ein paar Wochen kann ich meine eigenen Karotten ernten und essen.«

Luis findet das gut. »Ich will auch ein eigenes Beet haben und etwas essen.«

Sophia überlegt. »Na gut«, sagt sie. »Meinetwegen.« Sie markiert mit dem Schuhabsatz ein Viereck neben ihrem Karottenbeet. »Hier kannst du dein Gemüse anpflanzen.«

Jetzt möchte Luis auch ein paar Karottensamen haben. Aber die Tüte ist leer. Alle Samen sind schon in Sophias Beet eingepflanzt. »Dann pflanze ich eben etwas anderes an«, sagt er.

Luis denkt nach. Was könnte das sein? Äpfel vielleicht? Aus den Kernen wachsen neue Äpfel, oder? Er geht ins Haus, um Äpfel zu holen. Doch in der Küche sind keine mehr. Luis schaut sich nach anderem Gemüse um, das er einpflanzen könnte. Aber er traut sich nicht, die Gurke aus dem Kühlschrank zu nehmen oder die Radieschen.

Auf einmal weiß er, was er in seinem Beet haben will: Er pflanzt einen Pommesbaum! Dann kann er jeden Tag sein Lieblingsgericht essen. Aus dem Tiefkühlschrank holt er die Tüte mit den Pommes. Im Kühlschrank ist Ketchup, den nimmt er auch mit.

Dann läuft er schnell zurück zu seinem Beet. Sophia ist nicht mehr da. Stimmt ja, sie wollte sich noch mit ihrer Freundin Greta treffen. Aber Luis kann das auch allein. Er steckt alle Pommes nacheinander in die Erde. Und damit sie besser wachsen können, kleckst er auf jedes Pommesstäbchen ein bisschen Ketchup.

Luis betrachtet das Beet. Oh, wie hübsch es aussieht mit all den kleinen Pommesstäbchen, die aus der Erde ragen. Fast wie ein kleiner Zauberwald. Jetzt fehlen nur noch ein paar Straßen, die durch den Wald führen. Deshalb drückt Luis die Erde zwischen den Pommesstäbchen platt. Dann läuft er zurück ins Haus und holt alle Spielzeugautos aus seinem Zimmer.

Luis legt sich auf den Boden vor das Beet und lässt seine Autos durch den Zauberwald fahren. Er baut einen kleinen Hügel und eine Tiefgarage, und seine Autos brausen umher. Ja, es macht wirklich Spaß, so ein eigenes Beet zu haben! Luis spielt und spielt, und zwischendurch sieht er nach, ob die Pommes schon ein bisschen gewachsen sind.

»Luis, was soll das denn sein?«, hört er plötzlich eine Stimme hinter sich. Luis dreht sich um. Da steht Mama und schaut sein Beet mit großen Augen an.

»Da wachsen meine Pommes«, erklärt Luis. »Und wenn sie groß sind, kann ich sie essen.«

»Das ist gar nicht schlecht«, sagt Mama und lacht. »Ich fürchte nur, so funktioniert das nicht.« Sie streicht Luis über den Kopf. »Möchtest du wirklich Pommes ernten?«

Luis nickt.

»Dann müssen wir Kartoffeln setzen«, sagt Mama. »Denn Pommes macht man aus Kartoffeln. Morgen helfe ich dir dabei.«

Am nächsten Tag graben Mama und Luis ein größeres Stück Erde neben seinem alten Beet um, denn Kartoffeln brauchen Platz. Mama hat einen

Korb voller Kartoffeln dabei. Sie sehen ein bisschen älter aus. Aber das macht nichts, meint Mama. »Siehst du, die Kartoffeln kommen in die Erde. Im Erdboden wachsen ihnen lange Arme, und daran wachsen

später die kleinen Kartoffeln«, erklärt Mama. »Und wenn sie groß genug sind, buddeln wir sie aus.«

»Und was ist mit meinen Pommes?«, fragt Luis.

»Du wirst schon sehen«, sagt Mama und zwinkert Luis zu.

Zusammen graben sie eine lange Kuhle. Dort hinein setzt Luis seine Kartoffeln und schaufelt sie wieder mit Erde zu. Nach ein paar Wochen sollen dann kleine grüne Kartoffelpflanzen aus der Erde wachsen.

Die Pommesstäbchen auf dem kleinen Beet nebenan sind allerdings schon am nächsten Morgen weg. Wahrscheinlich hat ein Igel sie aufgegessen, vermutet Papa. In die leeren Pommeslöcher steckt Luis einen Wald aus Zweigen. Luis mag dieses kleine Beet und spielt den ganzen Sommer mit seinen Autos auf den Straßen. So vergeht die lange Zeit, bis seine Kartoffelpflanzen aus der Erde kommen, zum Glück wie im Flug.

Luis sieht auch jeden Tag nach seinem Kartoffelbeet. Er schaut nach, wie sehr die grünen Pflanzen gewachsen sind, und gießt sie fast jeden Abend.

Nach dem Sommer kommt der Herbst. Es ist nicht mehr so heiß, und die Blätter der Kartoffelpflanzen werden allmählich gelb und trocken. »Nun ist es Zeit, die Kartoffeln zu ernten«, sagt Mama. Zusammen mit Sophia und Luis gräbt sie die frischen Kartoffeln aus. Sie sind ganz fest und mit Erde bedeckt, aber sie sehen nach richtigen Kartoffeln aus, rund und golden. »Aber das sind ja gar keine Pommes«, sagt Luis enttäuscht, als er die Kartoffeln in den Eimer legt.

»Noch nicht«, sagt Mama. »Zu Pommes werden sie morgen.«

Gleich nach der Kita ist es so weit. Luis bindet sich eine Schürze um. Und Mama zeigt ihm, wie er die größten Kartoffeln erst waschen, dann schälen und schließlich in feine Streifen schneiden soll. Jetzt sehen sie schon mehr wie richtige Pommes aus. Mama legt sie auf ein Backblech, träufelt etwas Öl darüber und schiebt sie in den Ofen.

Als sie fertig sind, darf Luis probieren. Mhm, was für leckere Pommes es geworden sind! Sophia kommt dazu und spendiert ein paar Möhren aus ihrem Beet.

Im nächsten Jahr, beschließt Luis, will er in seinem großen Beet wieder Kartoffeln anpflanzen. Und in dem kleinen Beet soll Salat wachsen. Der ist dann wie ein großer Dschungel, in dem seine Autos fahren können.

Die Prinzessin der Regenschirme

Prinzessin Isabelle besaß die größte Regenschirmsammlung im ganzen Land. Sie hatte gepunktete, karierte, gestreifte und natürlich auch einfarbige Regenschirme. Und zwar in allen Farben, die es gab. Wenn sie sich ihrem Volk auf dem Balkon des Schlosses zeigte, hatte sie stets einen aufgespannten Schirm in der Hand. Das war ihr Markenzeichen. Sie wurde auch die Prinzessin der Regenschirme genannt.

Es war nur gut, dass sie diese vielen Regenschirme hatte. Denn in ihrem Land regnete es sehr oft, eigentlich ständig. Der Schirm hielt ihre kunstvolle Frisur trocken und schützte ihre kostbaren Kleider vor den Tropfen.

Wie sich bald zeigen sollte, war das nicht der einzige Grund, weshalb Isabelle froh über die vielen Schirme war. Das Schloss, in dem sie lebte, war alt und das Dach kaputt. Eines Abends, nach einem besonders heftigen Wolkenbruch, regnete es durch die Decke ihres Schlafgemachs. Isabelle und ihre Zofe Maria waren nicht dumm. Wozu hatte Isabelle denn die vielen Regenschirme? Sie spannten einfach drei Schirme über das Bett. Der erste schützte Isabelles Gesicht und den Hals, ein zweiter ihren Bauch, und ein dritter Schirm schützte Beine und Füße der Prinzessin. Als es Zeit wurde, schlafen zu gehen, schlüpfte Isabelle unter die Decke. Sie schaute hinauf. Die bunten Schirme über ihrem Kopf machten ein schönes Licht. Links und rechts neben ihrem Bett standen Eimer. Die fingen das Wasser auf, das von den

Schirmen tropfte. Sehr zufrieden machte Isabelle die Augen zu. Doch dann hörte sie es. *Tropf, tropf, tropf.*

Isabelle öffnete ärgerlich die Augen. Wer wagte es, ihren Prinzessinnenschlaf zu stören? Sie setzte sich auf und schaute sich um. Ha, das waren diese unverschämten Regentropfen, die in die Eimer fielen! »Hört gefälligst auf damit!«, befahl Isabelle. Sie war es gewohnt, dass man ihr gehorchte.

Doch das Regenwasser lief einfach weiter von den Schirmen und tropfte dabei. *Tropf, tropf, tropf,* machte es. *Tropf, tropf, tropf.*

Isabelle stöhnte. So konnte sie nicht schlafen. Absolut nicht. Sie klingelte

nach ihrer Zofe. Kurz darauf stand Maria im Nachtgewand und mit einem Kerzenhalter in der Hand vor ihr. »Diese Geräusche rauben mir den Schlaf«, sagte Isabelle. »Hast du eine Idee?«

Maria dachte nach. »Du könntest umziehen, Prinzessin«, sagte sie. »In ein anderes Gemach.«

»Also gut.« Maria und Isabelle zogen die Matratze vom Bett und schafften sie in das Nebenzimmer, das Wohngemach der Prinzessin. Die Matratze legten sie vor den großen Kamin, in dem noch ein paar Holzscheite glommen. Isabelle fand es sehr gemütlich, hier zu liegen. Ärgerlich war nur das wohlbekannte Geräusch, das sie bald hörte. *Tropf, tropf, tropf.* Es kam aus der Zimmerecke.

»Ach herrje, ist denn das Dach in diesem Raum auch kaputt?« Isabelle raufte sich die Haare, stand auf und inspizierte

die Zimmerdecke. »Verflixt«, fluchte sie nicht sehr prinzessinnenhaft, und dann klingelte sie nach Maria.

»Hier kann ich nicht bleiben«, sagte Isabelle. »In diesem Zimmer tropft es auch.«

Maria verschwand und kam mit einem Eimer zurück, den sie unter das Loch stellte.

»Da gäbe es noch die Bibliothek«, sagte Maria. »Ich glaube, dort ist es trocken.«

»Fein«, sagte Isabelle. Dann zog sie erneut mit ihrer Matratze und allen Bettsachen um.

Zwischen den Bücherregalen zu schlafen, fand die Prinzessin beinahe noch gemütlicher, als vor dem Kamin zu liegen. Isabelle hatte sich schon lange kein Buch mehr angesehen. Nun holte sie sich ein schönes Bilderbuch aus dem Regal, das sie in aller Ruhe betrachtete. In der Mitte des Buches begann sie zu gähnen, und es fielen ihr beinahe die Augen zu. Es war ja auch schon weit nach Mitternacht. Sie legte das Buch zur Seite, zog die Decke ans Kinn und schlief ein.

Früh am Morgen wurde sie von einem nur allzu vertrauten Geräusch geweckt. *Tropf, tropf, tropf*, machte es. Isabelle seufzte. Jetzt regnete es also auch noch in ihre Bibliothek! Das war gar nicht gut für die Bücher.

Isabelle klingelte nach ihrer Zofe. Als Maria kam und ihr eine schöne Tasse heißen Tee ans Bett brachte, erzählte Isabelle ihr die schlechten Neuigkeiten. »Leider ist auch das Dach in der Bibliothek kaputt«, sagte sie. »Wir müssen unbedingt die Bücher in den Regalen vor dem Wasser schützen.«

»Ich hole gleich ein paar Regenschirme«, sagte Maria. »Die spannen wir über den Regalen auf.«

»So machen wir es«, sagte Isabelle und nippte an ihrem Tee.

Doch da fiel Marias Blick auf das bunte Bilderbuch, das die Prinzessin vor

dem Einschlafen gelesen hatte. »Das ist ja interessant«, murmelte sie und beugte sich über die aufgeschlagenen Seiten. Sie zeigten eine Baustelle und viele Handwerker, die dort arbeiteten.

»Was denn?«, fragte Isabelle.

»Ich glaube, ich habe die Lösung«, sagte Maria und lachte. »Die Lösung für das kaputte Dach.«

»Ach ja?«, fragte Isabelle.

»Wir lassen einen Dachdecker kommen«, sagte Maria. »Er repariert das Schlossdach, und dann hört auch das Tropfen auf.«

»Warum bin ich nicht selbst darauf gekommen?«, fragte sich Isabelle.

»Genau so machen wir es!«

Maria bestellte den Dachdecker. Und als das Dach im neuen Glanz erstrahlte, konnte Prinzessin Isabelle endlich wieder gut schlafen. Ihr Bett ließ sie trotzdem in der Bibliothek stehen. Denn von nun an schaute sie sich vor dem Schlafengehen immer ihre Bücher an. So kam es, dass sie mit der Zeit sehr gebildet wurde und vieles lernte. Und von ihrem Volk wurde sie nicht mehr die Prinzessin der Schirme genannt, sondern die kluge Prinzessin Isabelle.

Marcello braucht mehr Ballgefühl

Marcello holte mit dem Fuß aus, traf den Ball – und schoss ihn direkt vor Tareks Füße. Oh nein, das war falsch! Marcello wurde heiß. Tarek spielte doch in der anderen Mannschaft, zusammen mit Simon! Marcello hatte den Ball eigentlich an Luca weitergeben wollen, damit er ihn ins Tor befördern würde. Aber nun hatte Tarek den Ball und sauste damit über den Platz. Marcello und Luca rannten hinterher, aber es war vergebens. Tarek schoss, und… im nächsten Moment jubelte er »Tor, Tor!«, und Simon reckte die Arme in die Höhe.

Luca warf Marcello einen finsteren Blick zu. Marcello schaute zu Boden. Immer wenn er den Ball hatte, ging irgendetwas schief. Es gelang ihm einfach nicht, ihn zu kontrollieren. Nie rollte der Ball dahin, wo er hinsollte. Daran waren nur seine Schuhe schuld, dachte Marcello. Er war der Einzige, der ganz normale Straßenschuhe trug. Da war es ja wohl kein Wunder, dass er nicht Fußball spielen konnte und kein richtiges Ballgefühl hatte. Luca und Tarek trugen Fußballschuhe mit tollen Spikes an der Sohle. Wenn sie auf Pflaster liefen, klackerte es. Für Marcello klang das wie Musik. Aber natürlich gaben die Spikes auch guten Halt. Und außerdem sah man darin wie ein Profispieler aus. Simon hatte immerhin Turnschuhe an. Selbst die waren besser als gewöhnliche Straßenschuhe.

»Hey, Marcello!«, rief jemand über den Platz. Marcello sah sich um.

Da stand Papa und winkte ihm zu. Stimmt ja, er hatte ja gesagt, er wollte ihn abholen, wenn er von der Arbeit kam.

Marcello winkte zurück. »Hallo, Papa!« In dem Moment kam der Ball auf ihn zugerollt. Marcello presste die Lippen zusammen. Jetzt konnte er Papa zeigen, was für ein super Spieler er war! Sein Blick folgte dem Ball, und er nahm Anlauf. Gleich würde er ihn mit aller Kraft aufs Tor schießen. Aber es war wie verhext, denn diesmal rutschte er mit dem Fuß ab, und der Ball rollte nicht geradeaus, sondern zur Seite. Simon übernahm den Ball. Marcello sah ihm hinterher.

»Kommst du, Marcello?«, rief Papa. »Ich möchte jetzt das Abendessen kochen, sonst wird es zu spät.«

»Ist gut«, sagte Marcello und verabschiedete sich von seinen Freunden. »Bis zum nächsten Mal.« Die anderen winkten ihm nach.

»Kannst du mir richtige Fußballschuhe kaufen?«, fragte Marcello seinen Papa, als sie auf dem Nachhauseweg waren. »Mit diesen Schuhen treffe ich nicht.«

Papa lachte. »Vielleicht solltest du erst mal üben, wie du den Ball kontrollieren kannst?«

»Das habe ich schon versucht, aber ich kann es nicht«, sagte Marcello und ließ die Schultern hängen.

Papa überlegte. »Früher habe ich viel Fußball gespielt«, sagte er. »Wenn du willst, können wir zusammen trainieren.«

»Echt?« Marcello schaute seinen Papa an. »Das wäre super, Papa. Wann fangen wir an?«

»Warum nicht gleich nach dem Abendessen?«, meinte Papa. »Die Küche aufräumen kann ich immer noch, wenn du im Bett liegst.«

Marcello nahm Papas Hand. Auf einmal konnte er es kaum erwarten, mit dem Essen fertig zu sein.

Es dämmerte schon, als Marcello und Papa auf den Spielplatz kamen. Vor den Schaukeln gab es genug Platz zum Fußballspielen. Papa hatte sich seinen Trainingsanzug angezogen, und Marcello trug den Ball. Der Spielplatz lag verlassen da. Alle Kinder waren nach Hause gegangen. Marcello setzte den Ball auf dem Boden ab.

»Okay, dann zeig mir mal, wie du den Ball kickst«, sagte Papa.

Marcello nickte. Er nahm Anlauf und schoss den Ball. Dann sah er ihm enttäuscht nach. Warum flog er denn schon wieder zur Seite und nicht zum Tor? »Alles klar«, sagte Papa. »Du hast den Ball mit der Fußspitze berührt. Doch auf die Weise hast du am wenigsten Kontrolle.« Papa holte den Ball und setzte ihn vor seinen Füßen ab. »Am besten geht es, wenn du ihn mit der Innenkante deines Fußes berührst. Siehst du? So!« Papa schoss den Ball. Er landete direkt im Tor.

»Super, Papa!«, sagte Marcello.

Papa grinste. »Ich habe im Verein gespielt, als Stürmer«, sagte er stolz. Dann sprintete er zum Ball und kickte ihn zu Marcello. Marcello stoppte den Ball. Er biss sich vor Aufregung auf die Zunge. Dann schoss er den Ball. So, wie Papa es gesagt hatte. Erstaunt blickte er dem Ball hinterher. Im großen Bogen flog er über das Spielfeld. So weit wie nie zuvor.

»Gut gemacht, Marcello!«, rief Papa. »Genau so geht es!«

An diesem Abend trainierten die beiden, bis es stockdunkel war. Und an

den nächsten Abenden übten sie weiter. Es
machte richtig Spaß, und nach dem Training schlief
Marcello besonders gut. Allmählich wurde er besser. Und wenn er
mit seinen Freunden spielte, ließ er sich den Ball nicht mehr so leicht ab-
nehmen. Sein Papa hatte ihm gezeigt, wie das ging. Vor allem konnte er
bald richtig gut zielen, und der Ball landete immer öfter im Tor.
Eines Nachmittags holte Papa ihn wieder vom Fußballplatz ab.
»Och nö, muss ich jetzt schon nach Hause?«, maulte Marcello.
»Wir müssen noch einkaufen gehen«, sagte Papa. »Es wäre besser, wenn du
jetzt kommst.«
»Kannst du das nicht alleine machen?«, fragte Marcello. »Ich möchte noch
weiterspielen.«
»Ich glaube nicht, dass ich das kann«, sagte Papa. »Du müsstest schon dabei
sein.«
»Wieso denn das?« Marcello sah Papa erstaunt an. »Du kannst doch sicher
alleine in den Supermarkt gehen.«
»Das schon«, antwortete Papa und lächelte. »Ich weiß nur nicht, welche
Fußballschuhe ich dir aussuchen soll. Hast du vergessen, dass du morgen
Geburtstag hast? Ich dachte, das wäre ein schönes Geschenk.«
Da strahlte Marcello über das ganze Gesicht. »Du willst mir Fußballschuhe
kaufen? Das ist ja super!«

Als Marcello am nächsten Morgen aufwachte, lag neben seinem Bett der Schuhkarton. Papa hatte gestern noch eine große Schleife darumgewickelt. Jetzt durfte Marcello die neuen Schuhe endlich auspacken. Und am nächsten Wochenende würde er seinen Geburtstag feiern. Auf dem Fußballplatz natürlich, mit Papa und seinen anderen Fußballfreunden.

Aber nun zog er erst mal seine Schuhe an und lief damit durch die Wohnung. Bei jedem Schritt klackerten sie. Marcello war glücklich, das war Fußballmusik!

Jana mag ihre kleine Schwester

Jana mag ihre kleine Schwester wirklich. Jedenfalls die meiste Zeit. Nur vielleicht nicht gerade jetzt.

»Das sind meine Filzstifte«, ruft Nina, als sie sieht, wie Jana am Esstisch ein Bild malt. »Gib die sofort zurück!«

»Stimmt doch gar nicht«, sagt Jana, die gerade einen lustigen Drachen mit bunten Flügeln malt. »Ich habe auch solche Filzstifte, nämlich diese hier.«

»Aber meine Stifte haben auf dem Tisch gelegen«, sagt Nina und stemmt die Arme in die Seiten. »Und mein Zeichenblock auch.«

»Mama oder Papa haben deine Sachen wahrscheinlich weggeräumt«, sagt Jana. »Weil du immer alles herumliegen lässt. Das sind jedenfalls meine Stifte.«

»Gar nicht«, sagt Nina und stampft wütend mit dem Fuß auf. Doch dann geht sie in ihr Zimmer.

Jana atmet auf. Endlich Ruhe! Und sie malt lauter Wolken um den Drachen. Damit man sehen kann, dass er fliegt. Und darunter malt sie noch eine Bergkuppe. Weil der Drache ferne Länder besucht.

Nina kommt schwer bepackt zurück. Sie stellt sich an den Tisch und lässt ihre Filzstifte darauf fallen, sodass sie über die ganze Tischplatte kullern. Und dann knallt sie den Zeichenblock hin.

Jana schreckt hoch. »Geht's vielleicht ein bisschen leiser?«, fragt sie.

»Nö«, sagt Nina und setzt sich direkt neben sie. Dabei stößt sie ihre Schwester an.

»Manno«, sagt Jana. »Jetzt ist mir die Wolke verwackelt.«

Nina kichert. »Die Wolke verwackelt? So eine Wackelwolke will ich auch haben. Malst du mir eine?«

»Nee, du«, sagt Jana. »Ich male gerade mein eigenes Bild. Du kannst deine Wolke selber malen.«

Doch da beginnen Ninas Augen zu funkeln. »Das ist gemein, ich will auch so eine Wolke haben!«, sagt sie und schielt auf Janas Papier. »Und auch so einen dicken Vogel.«

»Das ist kein Vogel, sondern ein Drache«, erklärt Jana. »Und er fliegt ganz weit weg.«

»Ich will auch so einen Drachen haben!«, sagt Nina jetzt etwas lauter.

»Ja-ha«, sagt Jana. »Ich hab's gehört.« Sie steht auf und holt sich ein großes Glas Apfelsaft. Als sie das Glas auf dem Tisch absetzt, verschränkt Nina die Arme und öffnet den Mund. Doch Jana kommt ihr zuvor. »Sag bloß, du möchtest jetzt auch so einen Apfelsaft haben«, sagt sie.

Nina nickt und zeigt auf das Glas. »Genau so einen großen«, meint sie.

»Na gut«, sagt Jana und seufzt. »Aber du könntest wenigstens Bitte sagen.«

»Bitte.«

Jana geht wieder in die Küche. Als sie zurückkommt, stellt sie das Glas für ihre kleine Schwester neben Ninas Zeichenblock ab. Nina nimmt es und trinkt es in großen Schlucken leer. »Lecker, danke!«, sagt sie und wischt sich mit der Hand über den Mund.

Jana starrt ihre Zeichnung an und bekommt kugelrunde Augen. »Was ist denn das?«, fragt sie und zeigt auf eine neue krakelige Wolke auf ihrem Bild. »Hast du das gemacht?«

Nina nickt. »Das ist eine Wackelwolke. Die sieht lustig aus, oder?«

»Deine Wackelwolken kannst du gefälligst in dein eigenes Bild malen!«, sagt Jana und schüttelt ärgerlich den Kopf. »Außerdem sieht die Wackelwolke aus wie eine Fliege.« Sie nimmt den Stift und malt genau so eine Fliege auf Ninas Blatt. »So, jetzt hast du auch eine.«

»Hi, hi«, kichert Nina. Und ehe Jana sie daran hindern kann, hat sie schon wieder etwas in Janas Bild gemalt. Es sieht aus wie ein kleiner Stern. »Der Drache fliegt durch die Nacht.«

Jana muss zugeben, dass der Stern schön aussieht. Sie malt noch ein paar weitere Sterne in das Bild und dazu den Mond.

»Da fehlen noch Fledermäuse«, sagt Nina.

»Stimmt, die sind auch nachts wach«, sagt Jana und überlegt, wie sie eine Fledermaus zeichnen könnte.

»Kann ich jetzt auch einen Drachen haben?«, fragt Nina dazwischen.
»Bitte!«

»Na gut«, sagt Jana und malt einen großen Drachen auf Ninas Papier.

»Möchtest du jetzt eine Fledermaus haben?«, fragt Nina. »Ich weiß, wie das geht.«

Jana lächelt. »Bist du sicher?« Sie schiebt den Zeichenblock zu Nina rüber. »Dann mach mal.«

Die Fledermaus, die Nina zeichnet, sieht wirklich gut aus. »Super«, sagt Jana und lacht. »Und was brauchst du noch?«

»Baumwipfel«, sagt Nina. »Denn mein Drache fliegt über einen großen dunklen Wald.« Jana malt ganz viele Bäume in Ninas Bild.

Am Abend, als sie in ihren Betten liegen, erzählen Jana und Nina sich Geschichten von den beiden Drachen. Und von den Abenteuern, die sie zusammen erleben. Die Drachen sind nämlich befreundet und fliegen um die halbe Welt, um sich gegenseitig zu besuchen.

Jana mag ihre kleine Schwester wirklich. Und ganz besonders jetzt, in diesem Moment.

Halloween mit Hexe Xenia

Xenia war eine Hexe und lebte am Rande der Stadt. Vor einiger Zeit war sie aus ihrem windschiefen Hexenhäuschen im Wald in eine gemütliche Wohnung gezogen. Hier war es nicht so einsam wie im tiefen Wald, wo sich Fuchs und Hase Gute Nacht sagten. In Xenias Nachbarschaft lebten viele Familien, und das mochte sie sehr.

An diesem Abend hatte Xenia es sich auf dem Sofa gemütlich gemacht. Sie blätterte gerade in ihrem alten, vergilbten Zauberbuch, da klopfte es an der Haustür. Als sie öffnete, machte sie erstaunt einen Schritt zurück. Vor ihr standen drei kleine Gestalten: ein Zauberer, ein Monster und ein Gespenst.

»Guten Tag, was kann ich für euch tun?«, fragte Xenia höflich.

»Gib uns Süßes, sonst gibt's Saures«, riefen die Gestalten und hielten ihr einen Stoffbeutel unter die Nase.

»Wie bitte?« Xenia kratzte sich an ihrem Hexenkinn, auf dem ein einzelnes langes Haar spross. »Ich verstehe nicht ganz.«

»Heute ist Halloween«, erklärte das Gespenst. »Wir haben uns verkleidet und gehen von Tür zu Tür. Es wäre nett, wenn du uns ein paar Süßigkeiten in unseren Beutel tun würdest.«

»Dann seid ihr gar kein echter Zauberer, kein Monster und kein Gespenst?«, fragte Xenia neugierig.

»Nein.« Die Gestalten begannen zu kichern, und der Zauberer nahm seinen Hut ab. »Wir sind's doch nur, Finn, Max und ich, Anne.«

»Ach so, ihr seid es, meine Nachbarskinder«, sagte Xenia und lachte. »Sagt das doch gleich.«

Anne, Finn und Max kamen oft zu Besuch und schauten Xenia dabei zu, wie sie ihre Zaubertränke braute. Dann blubberte, zischte und dampfte es in den Töpfen, und manchmal gab es kleine Explosionen. Kein Kind wollte sich das entgehen lassen.

»Hm, ihr wollt also Süßigkeiten haben«, murmelte Xenia und sah sich suchend in ihrer Hexenküche um. »Wie wäre es mit ein paar gerösteten Regenwürmern, Spinnenbeinen oder Mäusehaaren?«

»Nein, danke«, sagte Anne und verzog das Gesicht. »Ein andermal vielleicht.«

Xenia überlegte. Diese Sache mit dem Hallo…, also, diesem Hallo-Dingsbums machte sie neugierig. Sie druckste ein bisschen herum. »Also, ähm, ihr wollt nicht zufälligerweise eine Hexe mitnehmen?«

Finn, Max und Anne sahen sich an. »Doch, klar, warum nicht?«, sagte Finn.

»Von mir aus kannst du gern mitkommen«, sagte Max.

»Aber du musst dich natürlich verkleiden«, sagte Anne, die sehr stolz auf ihr Zaubergewand war.

»Und wenn ich als Hexe gehe?«, fragte Xenia.

»Dann kannst du so bleiben«, sagte Max. »Denn du bist ja eine Hexe.«

»Juhu«, jubelte Xenia. »Wartet, ich hole nur schnell meinen Hexenhut.«

Sie stülpte sich den schwarzen Hut auf den Kopf und puderte sich die Hexennase. Ihrem Besen befahl sie, brav in der Ecke zu warten, bis sie zurückkam. Heute würde sie ausnahmsweise nicht über die Dächer fliegen, sondern mit den Kindern zu Fuß gehen.

»Wen besuchen wir zuerst?«, fragte Xenia, als sie mit den Kindern auf dem Gehweg stand.

Anne zeigte auf den Hauseingang der Nachbarwohnung. Dort wohnte die nette Frau Lohmann. Ein ausgehöhlter Kürbis mit einem geschnitzten Gesicht stand neben der Haustür. »Hier können wir klingeln«, sagte Anne. »Das sieht ganz nach Halloween aus.«

Finn drückte den Klingelknopf, und Frau Lohmann öffnete.

»Gib uns Süßes, sonst gibt's Saures«, riefen die Kinder und Xenia im Chor.

»Aber gern«, sagte Frau Lohmann. »Wartet bitte einen Moment.« Sie holte eine Handvoll Süßigkeiten aus der Küche und ließ sie in den Beutel fallen.

»Vielen Dank!«, sagten Finn, Max, Anne und Xenia. Und als Frau Lohmann gerade die Tür schloss, begannen lauter Maiglöckchen auf ihrem Teppich zu blühen und einen herrlich frischen Frühlingsduft zu verströmen. Mitten im Oktober! Darüber freute sich die freundliche Nachbarin offensichtlich, denn sie mochte Blumen sehr gern. Xenia kicherte in sich hinein. Sie liebte es, Leuten eine Freude zu machen.

An der nächsten Tür öffnete ein älterer Mann, das war Herr Hansen. Er hatte einen Schal um den Hals gewickelt, und seine rote Nase tropfte. »Ja, bitte?«, fragte er mit rauer Stimme, als er die verkleideten Kinder und die Hexe vor seiner Haustür sah.

»Gib uns Süßes, sonst gibt's Saures!«, riefen Finn, Max, Anne und Xenia. Da öffnete Herr Hansen eine Schublade und kramte ein paar Hustenbonbons hervor. Die gab er den Kindern. »Etwas anderes habe ich leider nicht«, sagte er. »Mit meiner Erkältung konnte ich nicht einkaufen gehen.«

»Kein Problem«, sagte Max. »Vielen Dank für die vielen Hustenbonbons.«

Xenia schnippte mit den Fingern. Schon trug Herr Hansen keine durchlöcherten Strümpfe mehr, sondern warme Fellpantoffeln an den Füßen. Xenia lächelte glücklich. Sie freute sich schon darüber, dass Herr Hansen gleich noch einen großen Topf Hühnersuppe auf seinem Herd finden würde. Eine heiße Suppe half bei Erkältungen, davon war Xenia überzeugt.

Max, Finn, Anne und Xenia klapperten die ganze Nachbarschaft ab. Sie bekamen so viele Süßigkeiten, dass der Beutel beinahe platzte. Und überall zauberte Xenia ein kleines Dankeschön.

Alle Nachbarn waren sehr nett. Alle? Nein, das stimmte nicht ganz.

Direkt neben Anne, Finn und Max wohnte Frau Gatz. Die mochte keine Kinder. Eigentlich mochte sie niemanden. Doch Xenia ließ sich nicht abhalten und marschierte auf die Haustür zu. Dann drehte sie sich um. Aber Max, Finn und Anne standen noch auf dem Gehweg.

»Warum kommt ihr nicht mit?«, fragte Xenia.

»Da wohnt die Meckeroma«, sagte Finn.

»Sie beschwert sich immer über uns«, erklärte Anne.

»Von der bekommen wir bestimmt keine Süßigkeiten«, sagte Max.

»So, so, das werden wir ja sehen«, sagte Xenia und lächelte in sich hinein. Sie drückte den Klingelknopf. Die Haustür öffnete sich, und Frau Gatz steckte den Kopf heraus.

»Ich kaufe nichts«, sagte sie, als sie die Hexe erblickte, und wollte die Tür zuschlagen. Doch da hatte Xenia schon den Fuß in den Türspalt gestellt. Inzwischen hatten sich Max, Anne und Finn zögernd neben die Hexe gestellt. Frau Gatz betrachtete die Kinder kopfschüttelnd. »Wie eure Eltern euch herumlaufen lassen«, sagte sie. »Ihr könntet euch wenigstens was Ordentliches anziehen und die Haare kämmen.«

Xenia nickte den Kindern aufmunternd zu.

»Gib uns Süßes, sonst gibt's Saures«, sagten sie schüchtern.

Frau Gatz lief rot an und holte tief Luft. Doch bevor sie etwas ausrufen konnte, murmelte Xenia einen Zauberspruch:

Knister, knaster, Hexenzaster,
bimmel, bammel, bumm,
Wörter, dreht euch um,
kehret euch ins Gegenteil,
macht die Meckertante stumm.

»Das ist ja unver…«, begann Frau Gatz,
doch dann brach ihre Stimme, und sie sagte:
»Das ist ja *unglaublich*, ich habe Besuch!« Sie
knetete die Hände. »Süßigkeiten wollt ihr?«, fragte
sie. »Kommt nicht in …« Wieder brach sie ihren Satz
ab, und ihre Zunge machte etwas anderes daraus. »Kommt
sofort!« Sie drehte sich um und ging ins Wohnzimmer.

Max, Finn und Anne schauten sich an. Wieso war Frau Gatz denn
auf einmal so nett?

Xenia konnte sich ein Grinsen nicht verkneifen.

Frau Gatz kam mit einem ganzen Berg Süßigkeiten zurück: Schokolade, Bonbons, Lakritze, Gummibärchen, Kaugummis, Pralinen und Kekse waren dabei. Sie hätte genügend Süßkram im Haus gehabt, um die ganze

Nachbarschaft einzuladen. Das war auch kein Wunder, denn sie kannte niemanden, dem sie etwas abgeben konnte. Und so viel konnte wirklich niemand alleine essen. Doch das änderte sich nun. Frau Gatz lud Schokoladentafeln, Gummibären und Lakritze in den Beutel der Kinder.

»Danke!«, sagten Anne, Finn und Max. »Das ist sehr nett.«

»Lasst euch hier bloß nicht mehr …«, begann Frau Gatz zu antworten. Doch sie brach ab und sagte stattdessen: »Lasst mich nicht alleine und kommt bald wieder vorbei.«

Das versprachen Max, Finn und Anne, und Xenia nickte zufrieden.

Alle waren müde und gingen nach Hause. Aber schon am nächsten Tag schauten Anne, Max und Finn bei ihrer Nachbarin vorbei. Mit der Zeit gewöhnte Frau Gatz sich daran, freundlich zu Kindern zu sein. Und bald freute sie sich sogar über den Besuch. Sie hatte aber nie wieder so viele Süßigkeiten in ihrem Schrank. Denn von nun an teilte sie diese mit allen Kindern, die in der Nachbarschaft wohnten und sie besuchen kamen.

Einmal schneiden, bitte!

Naomi ist schon vier. Sie geht in die Kita, war schon öfter beim Kinderarzt und einmal sogar beim Zahnarzt. Doch bei einem Friseur war sie noch nie. Das ändert sich heute. Mama und Naomi haben einen Termin.

»Was macht denn der Friseur?«, fragt Naomi ihre Mama.

»Der schneidet dir sehr schön die Haare«, erklärt Mama.

In Naomis Bauch flattert es vor Aufregung, als sie den Friseursalon betritt.

Ein junger Mann führt Naomi zu einem Sessel. »Ich glaube, ich gebe dir noch ein Kissen«, sagt er. »Damit du ein bisschen höher sitzt.« Nun kann Naomi sich von ihrem Sitz aus im Spiegel betrachten. Sie fühlt sich wie eine Prinzessin auf ihrem Thron. Naomi hebt die Hand und winkt sich selbst zu. »Hallo.«

»Hallo«, antwortet ihr eine Stimme. Naomi dreht sich um. Eine junge Frau steht neben ihr. Sie sieht schön aus, findet Naomi. Ihre Haare sind schwarz, ziemlich kurz und ganz durcheinander.

»Ich bin Anja«, sagt die junge Frau. »Ich schneide dir heute die Haare.«

»Ich bin Naomi«, sagt Naomi. Schnell schaut sie nach, ob Mama noch da ist. Aber sie sitzt ja in dem Sessel neben ihr und nickt ihr aufmunternd zu. Mamas Haare werden auch gleich geschnitten.

»Als Erstes möchte ich deine Haare waschen«, sagt Anja zu Naomi.
»Kommst du bitte mit?«
Naomi schüttelt den Kopf. Muss das sein? »Beim Waschen kommt Schaum
in die Augen, und das brennt«, sagt sie.
»Keine Angst, wenn ich dir die Haare wasche, passiert dir nichts«, sagt Anja
und führt Naomi in einen anderen Raum, wo zwei Stühle direkt vor einem
Waschbecken stehen. Anja legt ein Polsterkissen auf den einen Stuhl, und
dort darf Naomi nun Platz nehmen.

»Du kannst den Kopf ganz nach hinten legen«, sagt Anja. »Ich verspreche dir, dass kein einziger Wassertropfen in deine Augen kommen wird.«

»Hm«, macht Naomi. Vorsichtshalber kneift sie die Augen ganz fest zu. Als Nächstes spürt sie warmes Wasser auf ihrem Kopf. Es ist nicht zu heiß und nicht zu kalt, sondern genau richtig. Als Anja mit dem Haarewaschen fertig ist, öffnet Naomi die Augen. Es ist wirklich nichts passiert. Anja wickelt Naomis Kopf in ein Handtuch ein. Nun darf Naomi zurück an ihren Platz gehen.

Als Naomi sich im Spiegel sieht, muss sie lachen. Mit dem Handtuch um den Kopf sieht sie ja lustig aus! Mama zwinkert Naomi zu. »Schneiden Sie die Haare meiner Tochter gern ein ganzes Stückchen kürzer«, sagt Mama zu Anja. Dann wird Mama von ihrem Friseur nach nebenan zum Haarefärben geführt.

»In Ordnung«, sagt Anja. Sie legt Naomi einen großen Kittel um, damit die geschnittenen Haare nicht auf ihre Anziehsachen fallen. »Wie möchtest du deine Haare denn haben?«, fragt sie Naomi, während sie ihr die Haare kämmt.

»So wie du«, sagt Naomi. Da lacht die Friseurin.

Anja trägt einen Gürtel, in dem sie die Schere hat. Die nimmt sie nun in die Hand. Da bekommt Naomi doch ein bisschen Angst. »Du darfst mir aber nicht ins Ohr schneiden«, sagt sie. Das ist einmal versehentlich passiert, als Mama Naomi die Haare geschnitten hat.

»Keine Sorge«, sagt Anja, und dann legt sie los. Schnipp, schnapp, macht

die Schere. Naomi sieht dabei zu, wie die Haarsträhnen auf den Boden fallen. Es werden immer mehr.

»Fertig«, sagt Anja schließlich und steckt die Schere zurück in den Gürtel. »Nun müssen wir deine Haare nur noch föhnen.«

Naomi starrt in den Spiegel. Sie sieht plötzlich ganz neu aus.

Beim Föhnen verwuschelt Anja Naomis Haare nach allen Seiten. Die Friseurin hat es so gemacht, wie Naomi es wollte: Ihre Haare sind jetzt fast so wild wie die von Anja. Nur dass ihre Haare nicht schwarz sind, sondern blond.

Da kommt Mama vom Haarefärben zurück. Als sie Naomi erblickt, bleibt sie überrascht stehen. »Wo ist denn meine Naomi geblieben?«, fragt sie verwundert.

Naomi wirft einen ängstlichen Blick in den Spiegel. Hat Mama sie wirklich nicht wiedererkannt? »Ich bin's doch!«, ruft sie und springt von ihrem Friseursessel auf. Sie läuft zu Mama und umklammert ihr Bein.

»Aber das weiß ich doch«, sagt Mama und lacht. »Und du siehst sehr hübsch aus mit deinem neuen Haarschnitt!«

Die Höhlentiere

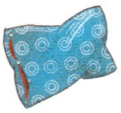Ben ist ein richtiger Höhlenbauer. Er mag auch alle Tiere besonders gern, die in Höhlen leben. Am liebsten wäre er selbst so ein kleines Höhlentier.

In der Kita hat er zusammen mit Tamir gerade wieder eine neue Höhle gebaut. Über zwei Stühle haben sie eine Decke gelegt. Das ist das Dach. Mit Wäscheklammern haben sie weitere Decken am Dach befestigt. Das sind die Wände. Schon ist die Höhle fertig. Darin ist es ganz dunkel und ziemlich gemütlich.

Hier wollen Ben und Tamir erst mal bleiben. Das machen auch viele Tiere so, besonders im Winter. Ben spielt, dass er ein Bär ist, der bald auf die Jagd gehen will.

Tamir ist auch ein Bär. Damit es nicht so kalt in der Höhle ist, macht er Feuer. Dafür hat er die Bauklötze in der Ecke gestapelt. Sie sind das Brennholz. »Kannst du noch ein paar Fische für das Abendessen fangen, großer Bär?«, fragt Tamir.

Der große Bär brummt. Mal sehen, heißt das.

Da bewegt sich die Wolldecke, und Selina und Insa stecken ihre Köpfe in die Höhle. »Können wir mitspielen?«, fragt Selina.

»Wir möchten auch bei euch in der Höhle wohnen«, sagt Insa.

Ben und Tamir schauen sich an. »Na gut«, sagt Ben. »Kommt rein.«

Insa hat Kastanien mitgebracht. »Das sind Kartoffeln«, sagt sie. »Die können wir essen.«

»Kartoffeln mögen wir Bären aber nicht«, sagt Ben.

»Dann spielen wir eben Vater, Mutter und Kinder«, sagt Insa. »Menschen
essen Kartoffeln sehr gern.«

»Ist gut«, sagt Tamir. »Dann bin ich der Vater.«

Selina ist die Mama, die jetzt erst mal zur Arbeit geht. Der Vater kocht die
Kartoffeln und passt auf die Kinder auf. Hungrige Kinder sind das. Ben
und Insa essen alle Kartoffeln in null Komma nichts weg.

»Jetzt will ich mal der Vater sein«, sagt Ben, und dann tauschen sie. Sie
spielen und spielen. Es ist so schön in ihrer Höhle.

Auf einmal ertönt der Gong. Die Höhlenbewohner wissen genau, was das bedeutet: Es ist Zeit für das Mittagessen, und alle Kinder sollen mit dem Spielen aufhören. Aber Ben, Tamir, Insa und Selina haben keine Lust, ihre Höhle zu verlassen. Außerdem haben sie eben so viele Kartoffeln gegessen, dass sie keinen Appetit auf richtiges Essen haben. Und sie spielen gerade so schön.

Der Gong ertönt ein zweites Mal. Alle Kinder im Gruppenraum räumen ihre Spielsachen zurück. Nur Ben, Tamir, Selina und Insa nicht. Sie hören, wie die anderen Kinder die Stühle rücken und sich an den Tisch setzen. Nun wird es still.

»Sind alle Kinder da?«, fragt Sabrina, die Erzieherin.

Die Höhlenbewohner halten den Atem an. Sie müssen jetzt mucksmäuschenstill sein. Denn sie wollen hören, was passiert.

»Ben, Tamir, Selina und Insa nicht«, hören sie Paul sagen.

»Nanu«, sagt Sabrina. »Du hast recht. Ihre Stühle sind leer. Sind sie vielleicht schon nach Hause gegangen?«

»Nein«, rufen die anderen Kinder.

»Vielleicht haben sie sich auf dem Rückweg von der Toilette verlaufen«, sagt Sabrina. »Und sind aus Versehen in die Besenkammer gegangen.«

Da müssen alle Kinder lachen. Und Ben, Tamir, Selina und Insa lachen mit.

»Oh«, sagt Sabrina und hebt die Hand. »Habt ihr das gehört?«

Alle Kinder sind still.

»Da war ein Geräusch«, sagt Sabrina. »Es kam aus der Höhle. Ob sich dort ein paar Höhlentiere versteckt haben?« Sabrinas Stimme wird zum Flüstern. »Ich schaue mal vorsichtig nach. Es könnte ja sein, dass es ganz gefährliche Tiere sind. Wir müssen ganz leise sein, damit sie uns nicht bemerken.«

Ben, Tamir, Insa und Selina sind weiterhin mucksmäuschenstill. Was wohl

als Nächstes passiert? Jetzt hören sie gar nichts mehr, sosehr sie auch lauschen.

Auf einmal wird es ganz hell in ihrer Höhle. Sabrina hat die Decke zur Seite geschlagen. »Schaut mal, hier sind die Höhlentiere«, ruft sie. »Oh nein, ich habe mich geirrt!« Sie schlägt die Hand vor den Mund. »Wo kommt ihr denn auf einmal her?«

Die Höhlenbewohner müssen lachen. »Wir waren die ganze Zeit hier«, sagt Ben.

»So, so«, sagt Sabrina. »Ich fürchte nur, ihr müsst euch jetzt blitzartig an den Tisch setzen, denn sonst bekommt ihr gar nicht mit, was ich euch Wichtiges zu sagen habe.«

Da stehen die Höhlenbewohner auf, waschen sich in Rekordzeit die Hände und setzen sich flink wie die Wiesel auf ihre Plätze. Erst jetzt merken sie, wie hungrig sie sind. Diese Kastanienkartoffeln machen doch nicht so richtig satt.

Als sie aufgegessen haben, räuspert sich Sabrina. »Ich möchte noch etwas ankündigen.« Alle Kinder schauen sie erwartungsvoll an. »Was haltet ihr von einem Übernachtungsfest in der Kita am nächsten Wochenende? Habt ihr Lust?«

Ben, Tamir, Selina und Insa schauen sich an. Und ob sie dazu Lust haben! »Dann bauen wir eine ganz große Höhle«, sagt Ben. Und er überlegt schon, ob sie dann vielleicht sogar in der Höhle übernachten können. Das wäre schön! Denn Ben und seine Freunde sind nun mal richtige kleine Höhlentiere.

Sibel und die Wunschbrosche

 Mama und Sibel gingen einkaufen. Mama hatte den Einkaufszettel eingesteckt und trug die Tasche. Wie immer hatte sie es eilig, denn es gab noch so viel zu tun. Sibel hüpfte auf den Gehwegplatten hinterher. Manchmal blieb sie auch stehen, weil sie mal wieder etwas auf dem Boden entdeckt hatte.

»Sibel, kannst du bitte aufhören zu trödeln?«, sagte Mama. Sie stand schon an der nächsten Straßenecke und stemmte die Arme in die Seite. »Ich möchte weiter.«

Sibel seufzte. Das war ja so typisch. Immer wenn sie mit ihren Eltern zum Einkaufen ging, hatten sie es eilig. Dabei gab es überall so viel zu sehen! Gerade waren es zum Beispiel Ameisen, die quer über den Gehweg liefen. Sibel kauerte sich hin. Sie sah den winzigen Tieren dabei zu, wie sie in einer langen Reihe hintereinanderher marschierten. Einige von ihnen trugen sogar Stöckchen oder Blattreste, die viel größer waren als sie selbst. Diese kleinen Ameisen mussten wirklich sehr stark sein.

»Siiibeel!«, rief Mama, und sie schaute ungeduldig auf ihre Uhr. »Bitte komm doch endlich. Sonst schließen die Läden, und wir haben nichts zu essen im Haus.«

»Ich komm ja schon«, sagte Sibel und warf einen letzten Blick auf die Ameisen. Beim Weitergehen fiel ihr ein neues Spiel ein. Sie durfte die Füße nur in die Mitte der Gehwegplatten setzen. Auf keinen Fall durfte sie auf eine Kante treten, sonst verbrannte ihr Fuß. Also musste sie sorgfältig darauf achten, wohin sie trat. Und auch das brauchte Zeit. Doch dann blieb sie ruckartig stehen.

Was war denn das? Direkt vor ihren Füßen funkelte und glitzerte etwas. Sibel bückte sich und hob es auf. Es war ein Schmuckstück. Genau genommen eine Brosche. Sie sah sehr edel und kostbar aus. Sibel schnappte nach Luft. Ob eine Prinzessin sie hier verloren hatte?

»Sibel, nun komm endlich«, rief Mama ungeduldig.

»Ja-ha!«, sagte Sibel. Schnell ließ sie die Brosche in ihre Hosentasche gleiten und rannte ihrer Mama hinterher. Mama war schon beim nächsten Häuserblock angekommen. Am liebsten hätte Sibel ihr sofort von der Brosche erzählt. Aber nun ging Mama noch ein bisschen schneller, und Sibel hatte Mühe, mit ihr Schritt zu halten. Dann würde sie Mama eben alles erzählen,

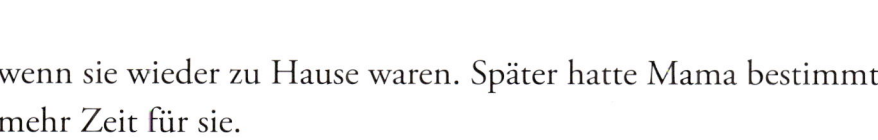

wenn sie wieder zu Hause waren. Später hatte Mama bestimmt
mehr Zeit für sie.

Sibel fühlte die Brosche in ihrer Hosentasche. Sie war warm, als wäre sie
lebendig. Als Sibel hinter Mama an der Kasse stand und Mama die Sachen
bezahlte, holte sie die Brosche kurz hervor. Sie blinkte und funkelte, leuchtete auf und wurde wieder dunkler.

Sibels Herz klopfte schneller. Das war aber eine seltsame Brosche! Sibel
hatte fast das Gefühl, als wollte sie ihr etwas sagen. Schnell ließ sie das
Schmuckstück zurück in die Jackentasche gleiten.

Auf dem Rückweg nahm Sibel einfach nur Mamas Hand und ging neben
ihr her. Sie war in Gedanken versunken und interessierte sich nicht für das,
was auf dem Gehweg zu sehen war.

»Na, jetzt klappt es aber gut«, lobte Mama sie. »Du kannst ja richtig schnell
gehen!«

»Mhm«, sagte Sibel nur. Sie hatte gar nicht richtig zugehört. Sie musste
immer über die Brosche nachdenken. Und darüber, wem sie wohl gehörte.

Nachdem sie zu Hause angekommen waren, sagte Sibel: »Ich gehe noch mal
kurz in den Garten.«

»Ist gut, ich rufe dich, wenn das Abendessen fertig ist«, sagte Mama.

»In Ordnung!«, sagte Sibel. Sie hielt die Brosche in der Hand. Es war, als
wollte sie ihr etwas sagen. Als sie zum Gartentor ging, funkelte die Brosche
noch mehr. Sibel verstand, was die Brosche ihr sagen wollte. Sie sollte
herausfinden, wem das Schmuckstück gehörte. Deshalb wollte sie zurück zu
der Stelle gehen, wo sie die Brosche gefunden hatte. Vielleicht traf sie dort
jemanden, der den Schmuck suchte?

Sibel stand auf dem Gehweg. Sie holte die Brosche hervor und betrachtete
sie. Es war das feinste Schmuckstück, das sie jemals gesehen hatte. Und es

schimmerte und funkelte immer mehr, je näher Sibel der Fundstelle kam. Schließlich erreichte sie den Ort. Sie erinnerte sich genau: Dort neben der Birke hatte die Brosche auf dem Gehweg gelegen.

Sibel stockte der Atem, als sie dort ankam. Auf dem Gehweg stand eine Kutsche, vor die zwei geflügelte Pferde gespannt waren. Davor kniete eine Fee mit langen, glänzend braunen Haaren und suchte den Boden mit ihren schmalen, zarten Händen ab. Sie war so schön wie der Tag. Ja, zu ihr passte die Brosche.

»Hier ist sie!«, rief Sibel und lief auf die Fee zu. »Deine Brosche!«

»Oh!« Die Fee schlug die Hände zusammen. »Du gutes Kind, ich danke dir.« Sie nahm die Brosche und steckte sie an ihr Kleid. Das war aus reiner Seide und glänzte golden. Die Brosche leuchtete nun noch heller. Sie war dort, wo sie hingehörte. Das sah Sibel sofort. Sie trat einen Schritt zurück. Die Fee war wunderschön, fast so hübsch wie eine Prinzessin.

Sie lächelte Sibel an. »Wusstest du, dass ich eine Fee bin?«, fragte sie freundlich.

Sibel nickte. Ja, das hatte sie geahnt.

»Und wusstest du, dass diese Brosche meine Zauberbrosche ist?« Sibel nickte wieder. Es hätte kein gewöhnliches Schmuckstück sein können.

»Ich war sehr traurig, als ich sie verloren habe«, sagte die Fee. »Aber dank dir habe ich sie wiederbekommen.«

Sibel lächelte verlegen. »Ich bin froh, dass ich sie gefunden habe.«

»Ganz recht«, sagte die Fee. »Ich möchte mich bei dir bedanken. Du hast einen Wunsch frei. Ich erfülle dir alles, was du möchtest.«

»Danke, das ist sehr nett«, sagte Sibel. Sie dachte nach. Aber es war alles so aufregend, und ihr fiel nichts ein. »Muss ich mir jetzt sofort etwas wünschen, oder hat es noch Zeit?«

»Dieser Zauberwunsch ist immer gültig«, sagte die Fee und lachte. »Solltest

du eines Tages einen Wunsch haben, denke an mich. Er wird in Erfüllung gehen.«

Die Fee verabschiedete sich von Sibel und bestieg die Kutsche. Die Pferde galoppierten los, und bald darauf schwang sich die Kutsche in die Lüfte. Die Fee winkte Sibel zu, und Sibel winkte zurück. Sie sah der Kusche noch hinterher, bis sie so klein wie ein winziger Punkt am Himmel wurde. Das alles war wie ein Traum. Sibel ging zurück nach Hause.

Kaum war sie im Garten angekommen, rief Mama sie rein. Sie hatte zum Glück gar nicht gemerkt, dass Sibel nicht da gewesen war.

Beim Abendessen war Sibel sehr schweigsam. Sie musste dauernd an ihr Erlebnis mit der Fee denken. Dieses Abenteuer hatte sie müde gemacht. Sie schlief schon nach der ersten Gutenachtgeschichte ein.

Am Wochenende schien die Sonne. Sibel machte mit Mama und Papa einen Ausflug in den Wald. Es war so schön im Wald. In den Bäumen zwitscherten die Vögel, und manchmal hörten sie den Specht. Sie schlugen einen schmalen Pfad ein, der zu einer Waldwiese führte. Nur leider bekam Sibel mit jedem Schritt schlechtere Laune. Es war so wie immer: Mama und Papa liefen vorneweg, und Sibel trabte hinterher. Sie wollte aber nicht so schnell gehen wie ihre Eltern. Hier gab es noch viel mehr zu entdecken als in der Stadt. Im Wald lebten Käfer, und es wuchsen hübsche Blumen am Wegesrand.

»Sibel«, rief Papa, der stehen geblieben war. »Bitte komm jetzt, wir haben nicht den ganzen Tag Zeit.«

Sibel schüttelte den Kopf. Sie wollte sich nicht beeilen. Sie wollte sich alles ganz genau ansehen.

Auf einmal fiel ihr ein, was die Fee ihr gesagt hatte. Da wusste sie, was sie sich wünschte. Sibel schloss die Augen. Sie dachte ganz fest an die wunderschöne Fee. Und sie wünschte sich, dass ihre Eltern selbst zu Entdeckern werden würden. Genau wie sie.

Als sie die Augen wieder öffnete, standen Mama und Papa neben ihr. »Warum bist du stehen geblieben?«, fragte Mama neugierig. »Hast du etwas Interessantes entdeckt?«

»Oh ja.« Sibel nickte. »Habt ihr den hübschen Marienkäfer dort schon gesehen?«

»Wo?«, fragte Papa und hockte sich neben sie. Da sah er das Blatt, auf dem der Käfer saß, und fragte Sibel: »Wollen wir mal seine Punkte zählen?« Das taten sie.

Als sie weitergehen wollten, entdeckte Mama eine hübsche Libelle. Die wollte sie sich einmal genauer ansehen. Von nun an schauten sich Sibel, Mama und Papa alles gemeinsam an. Sie entdeckten Käfer, Schmetterlinge, Regenwürmer und Wildblumen. Es machte jetzt viel mehr Spaß, mit ihnen nach draußen zu gehen. Nur manchmal, wenn Sibel mit ihnen zur Eisdiele gehen wollte, hätten ihre Eltern sich ein bisschen mehr beeilen können. Denn die beiden blieben bei jedem zweiten Schritt stehen.

Die Räubermusik

Im tiefen, tiefen Wald lebte der Räuberhauptmann Osipoff mit seiner Bande. Auf einer Lichtung hatten die Räuber eine Feuerstelle errichtet und ihre Höhlen gebaut. In einer dieser Räuberhöhlen lag Pablo, der Sohn des Räuberhauptmanns, und versuchte zu schlafen. Unruhig wälzte er sich von einer Seite zur anderen. Er hatte sich Wolle in die Ohren gestopft und die Decke über das Gesicht gezogen. Aber es war hoffnungslos. Pablo bekam kein Auge zu. Schuld daran war nur sein Vater, der Räuberhauptmann. Der saß mit seinen Leuten am Feuer und grölte ein Räuberlied nach dem anderen. Mit jedem Lied wurden die Räuber lauter und wilder. Sie stampften mit den Füßen, johlten und brüllten, dass die Bäume wackelten. Pablo hielt sich die Ohren zu. Schließlich schob er die Felldecke zur Seite und stand auf. Barfuß tapste er zum Lagerfeuer und zupfte seinen Vater am Hemdsärmel.

»Was ist denn?«, knurrte Osipoff. Er mochte es gar nicht, wenn man ihn unterbrach.

»Bei diesem Lärm kann ich nicht einschlafen«, sagte Pablo. »Könnt ihr nicht etwas leiser sein?«

Der Räuberhauptmann hob ärgerlich die Augenbrauen. »Das ist kein Lärm, das ist Räubermusik. Wenn du ein Räuber sein willst, gewöhnst du dich besser daran.«

»Wenn ich ein Räuber sein will, muss ich ausgeschlafen sein«, sagte Pablo.
»Sonst treffe ich mit meinem Pfeil und Bogen dauernd daneben.«

»Hm«, machte der Räuberhauptmann und strich sich über den zotteligen Bart. Sein Sohn war nicht dumm. Er selbst hatte Pablo früh ins Bett geschickt, damit er am nächsten Tag ausgeschlafen war. Aber was sein Sohn nun verlangte, war ein Ding der Unmöglichkeit. Als erwachsener Räuber konnte er sich doch nicht jetzt schon aufs Räuberohr legen. Der Mond war

doch gerade erst aufgegangen. Was würden seine Männer von einem Räuberhauptmann halten, der früh wie die Waldvögelein schlafen ging?

»Dann geh in den Wald hinein und übernachte dort«, sagte Osipoff. »Da hast du deine Ruhe.«

»Da ist es viel zu dunkel«, sagte Pablo und verschränkte die Arme. »Außerdem wäre ich dort ganz allein.«

»Nicht, wenn ich mitkomme«, erklang da eine Stimme.

Pablo drehte sich um. Hinter ihm stand Fenja, die Tochter des Räuberkochs Owlow. Sie hatte tiefe Ringe unter den Augen und sah sehr müde aus. »Ich kann nämlich auch nicht schlafen«, erklärte sie gähnend. »Und wenn wir zu zweit wären, hätte ich keine Angst.«

»Ich auch nicht«, sagte Pablo und lächelte Fenja an. Sie war genauso alt wie er und auch genauso groß. Tagsüber spielten sie immer zusammen. Sie waren fast wie Geschwister.

»Ich hole nur schnell meine Felldecke«, sagte Pablo und lief zurück in die Räuberhöhle.

»Und ich ziehe mir etwas Wärmeres an!«, sagte Fenja.

Der Räuberhauptmann Osipoff und der Räuberkoch Owlow schauten ihnen nach. »Zum Frühstück seid ihr aber zurück«, rief Osipoff. Owlow rannte in seine Höhle und schmierte schnell ein paar ordentliche Butterbrote. Falls die Kinder nachts Hunger bekamen.

Kurz darauf hatten Pablo und Fenja ihre Sachen gepackt und machten sich auf den Weg. Pablo trug die Felldecken und Fenja den Proviant. Es war eine stockfinstere Nacht. Fenja und Pablo sahen nicht einmal die eigene Hand vor den Augen. Zum Glück tanzten die Glühwürmchen zwischen den Bäumen und zeigten den Kindern den Weg. Je weiter sie gingen, desto leiser wurde die Musik. Bald hörten sie das Grölen der Räuber überhaupt nicht mehr. Der weiche Waldboden verschluckte ihre Schritte. Pablo und Fenja hörten nur noch das Klopfen ihrer Herzen. Es war wirklich sehr still.

Neben einer Tanne legten sie ihre Felldecken ab. Darauf streckten sie sich aus. Als ein Käuzchen rief, zuckte Pablo zusammen.

»Wollen wir unsere Butterbrote essen?«, fragte Fenja mit ängstlicher Stimme.

»Gern«, sagte Pablo. Sie verspeisten ihren Proviant. Und als sie alles aufgegessen hatten, legten sie sich hin und versuchten zu schlafen. Aber das
war gar nicht so einfach.

»Es ist einfach zu still hier«, sagte Pablo.

»Viel zu still«, sagte Fenja.

Sie lauschten in die Nacht hinein. Einmal hörten sie ein Knacken. Aber das
war nur ein Hase, der durch das Unterholz hoppelte. Dann vernahmen sie
ein Rascheln, doch das war nur eine Waldmaus.

»Hier kann ich auch nicht schlafen«, sagte Pablo. »Was sollen wir bloß
machen?«

Fenja dachte nach. »Ich könnte dir ein Gutenachtlied vorsingen.«

»Au ja«, sagte Pablo, und Fenja räusperte sich. Sie sang alle Strophen von
Der Mond ist aufgegangen. Fenja hatte eine schöne Stimme, und Pablo fielen
bald die Augen zu. Dann schlief auch Fenja ein.

Am nächsten Morgen wurden sie vom Zwitschern der Vögel geweckt. Die
Sonne schien, und auf den Gräsern glitzerte der Tau.

»Guten Morgen, Fenja«, sagte Pablo und streckte sich. »Hast du gut geschlafen?«

»So gut wie schon lange nicht mehr«, sagte Fenja und lachte.

Sie schauten sich um. Sie hatten ihre Felldecken zwischen Farnkräutern und
Waldanemonen ausgebreitet. Und zwischen den Bäumen entdeckte Fenja
ein paar schöne Pilze. Die wollte sie ihrem Vater mitbringen. Pablo half ihr
beim Suchen. Als sie genügend Pilze gesammelt hatten, schüttelten sie die
Tannennadeln von den Decken. Es wurde Zeit für den Rückweg.

»Meinst du, wir sollten von nun an jede Nacht hier im Wald schlafen?«,
fragte Fenja.

»Nein, da hätte ich eine bessere Idee«, sagte Pablo. »Sie ist mir eingefallen,
als du so schön gesungen hast.«

»Welche denn?«, fragte Fenja neugierig.

»Wir bringen den Räubern Schlaflieder bei«, sagte Pablo und grinste.

»Wenn sie abends Schlaflieder singen, können wir gut dabei einschlafen und alle anderen Räuberkinder auch.«

»Das ist eine sehr gute Idee!«, sagte Fenja. Ihre Schritte wurden schneller. Sie konnte es offenbar kaum erwarten, nach Hause zu kommen, zur kleinen Lichtung, wo die Räuberhöhlen waren.

An diesem Abend wollten die Räuber wieder ihre Räuberlieder anstimmen. Aber Fenja und Pablo hatten ihnen etwas zu sagen.

»Alle mal herhören«, rief Pablo. »Ist euch schon mal aufgefallen, dass ihr jeden Abend die gleichen Lieder singt?«

Die Räuber zuckten mit den Achseln. »Na und?«, sagte der Räuberkoch Owlow.

»Ich kann euch ein paar neue Lieder beibringen«, sagte Fenja. »Natürlich nur, wenn ihr wollt.«

»Lass mal hören«, sagte der Räuberhauptmann Osipoff.

Fenja begann. Sie brachte den Räubern fünfzehn neue Gutenachtlieder bei. Oder waren es siebzehn? So genau konnte Pablo es nicht sagen. Denn er war schon eingeschlafen, ehe die Räuber mit dem Singen aufhörten.

Die funkelnagelneue Wasserpumpe

Tulu spielt jeden Tag auf dem Spielplatz. Nur heute geht es nicht. Vor der Sandkiste steht ein großer Kipplaster und lädt frischen, feinen Sand ab. Ein Bauarbeiter steht daneben und verteilt den Sand mit der Schaufel. Ein anderer repariert die kaputte Schaukel.

»Tut mir leid«, sagt der Bauarbeiter zu Tulu. »Heute kannst du nicht auf dem Spielplatz spielen, denn wir arbeiten hier.« Er zwinkert Tulu vergnügt zu. »Aber wir haben eine Überraschung für dich.«

»Was denn für eine Überraschung?«, fragt Tulu.

»Wir bauen eine Pumpe in die Sandkiste«, sagt der Bauarbeiter. »Dann fließt hier richtiges Wasser.«

»Das ist ja super!«, sagt Tulu.

Tulu und Mama stehen auf dem Gehweg und schauen den Bauarbeitern zu. Am meisten freut Tulu sich auf die Wasserpumpe. Er kann es kaum erwarten, sie auszuprobieren.

Als er abends im Bett liegt, überlegt Tulu, was er in der Sandkiste mit dem Wasser machen kann. Als Erstes will er einen Hafen bauen und einen Fluss graben.

»Können wir gleich auf den Spielplatz gehen?«, fragt Tulu, als er am nächsten Tag von der Kita zurückkommt.

»Von mir aus. Die Bauarbeiter sind bestimmt fertig«, sagt Mama.

70

Tulu packt den Eimer und die Schaufel ein. Dann holt er noch schnell das kleine Boot aus seinem Zimmer. Das möchte er im Wasser schwimmen lassen.

Als Tulu und Mama auf den Spielplatz kommen, ist schon ein anderer Junge dort. Er klettert gerade auf die Rutsche. Tulu hat keine Lust, ihm Hallo zu sagen. Er will ja auch nicht mit ihm spielen. Tulu will die neue Wasserpumpe ausprobieren, und er möchte sie ganz für sich allein haben. Deshalb tut er so, als hätte er den Jungen gar nicht gesehen.

»Möchtest du die Sandalen ausziehen?«, fragt Mama. »Dann macht es nichts, wenn du nasse Füße kriegst.«

»Oh ja«, sagt Tulu und schlüpft aus den Schuhen. Mama holt ihre Zeitung aus der Tasche und macht es sich auf der Bank gemütlich.

Tulu steigt in die Sandkiste. Der Sand fühlt sich warm und weich unter seinen Füßen an. Er hockt sich hin und lässt eine Handvoll Sand durch die Finger rieseln. Der Sand ist fein und hell. Und er ist ganz neu. Aber trotzdem will Tulu nicht länger im Sand sitzen. Er will jetzt zur Wasserpumpe.

Tulu ergreift mit beiden Händen den Pumpenschwengel. Er bewegt ihn auf und ab. Und tatsächlich, ein kräftiger Wasserstrahl strömt in den Sand. Tulu hält die Füße unter das Wasser. Huch, es ist ganz schön kalt!

Nur leider fließt das Wasser nicht weiter, wenn er aufhört zu pumpen.

Tulu braucht ganz, ganz viel Wasser für seinen Hafen und für den Fluss. Er kann aber nicht alles gleichzeitig machen, bauen und Wasser pumpen.

Also schaufelt er jetzt erst einmal ein Loch in den Sand und einen Graben. Damit das Wasser besser in das Loch fließen kann. Dann geht er zur Pumpe und lässt das Wasser hineinlaufen. Aber es dauerst sehr lange, bis das Loch auch nur halb mit Wasser gefüllt ist.

Tulu muss eine Pause machen und wischt sich über die Stirn. Da sieht er, dass der andere Junge aufgehört hat zu rutschen. Er kommt langsam auf die

Sandkiste zu. Will er etwa zu ihm? Tulu will doch lieber alleine spielen! Das muss der Junge doch sehen.

Tulu greift wieder den Pumpenschwengel. Er lässt noch mehr Wasser einlaufen. Aber nanu? Das Wasser fließt nun gar nicht mehr in den Graben, den Tulu gebaut hat. Er lässt die Pumpe los, schnappt sich die Schaufel und kniet sich in den Sand. Er muss den Graben einfach ein bisschen größer machen. Puh, das ist ganz schön anstrengend!

Auf einmal steht der Junge neben Tulu. »Kann ich mitspielen?«, fragt er.

»Nö«, sagt Tulu. »Das ist meine Hafenanlage.«

»Schade«, sagt der Junge, und als er sich umdreht, tritt er aus Versehen mit dem Fuß in den Graben.

»Pass auf, wo du hintrittst!«, ruft Tulu. »Das ist doch ein Fluss.«

»Oh«, sagt der Junge und dreht sich um. »Das wollte ich nicht. Aber vielleicht musst du ihn ein bisschen größer machen.«

»Das tue ich doch gerade. Hier soll das Wasser reinfließen und von dort weiter in das Hafenbecken«, sagt Tulu.

Der Junge dreht sich um und geht. Zum Glück! Darüber ist Tulu wirklich froh. Er buddelt weiter im Sand.

Doch gerade, als Tulu einen ganzen Eimer voll Matsch ausgehoben hat, strömt Wasser in seinen Graben. Tulu blickt auf. Der Junge steht an der Wasserpumpe. »Brauchst du noch mehr Wasser?«, ruft er.

»Ja!«, ruft Tulu. »Noch viel, viel mehr!«

»Das Wasser kommt!«, ruft der Junge. Tulu lacht. Das ist super! Mit den Händen klopft er gegen die Flusswände und macht sie fester. Nun steigt das Wasser endlich und fließt in das Hafenbecken.

»Jetzt ist es genug Wasser!«, ruft Tulu. Der Junge lässt den Pumpenschwengel los. Er setzt sich neben Tulu in die Sandkiste. »Wir können noch
einen zweiten Fluss bauen«, schlägt er vor.
»Ist gut«, sagt Tulu. Dann schaut er den Jungen an. »Ich heiße Tulu und
du?«
»Jan«, sagt der Junge. »Ich wohne ganz in der Nähe.«
»Ich auch«, sagt Tulu.

»Wir könnten noch ein paar Schiffe gebrauchen«, sagt Jan. »Wartest du auf mich, wenn ich noch welche hole?«

»Klaro«, sagt Tulu. »Aber komm schnell zurück, damit wir weiterspielen können.«

Jan läuft los. Es dauert nur wenige Minuten, bis er zurück ist. Er hat noch zwei weitere Schiffe dabei, einen Plastikkran und eine Schaufel.

Tulu und Jan bauen eine richtig gute Hafenanlage mit ganz vielen Flüssen. Sie lassen so viel Wasser hinein, dass ihre Schiffe auf weite Reisen gehen können. Ihre Schiffe transportieren kleine Steinchen in ferne Länder.

Auf einmal steht Mama neben Tulu. »Es wird Zeit, dass wir nach Hause gehen«, sagt sie. »Packst du deine Sachen ein?«

»Och nö«, sagt Tulu. »Ich spiele gerade so schön.«

»Damit kannst du doch morgen weitermachen«, sagt Mama.

»Kommst du dann auch wieder hierher?«, fragt Tulu seinen neuen Freund.

»Auf jeden Fall«, sagt Jan. »Und dann bauen wir einen noch größeren Hafen!«

Das wilde Karussellpferd

Auf dem Marktplatz, wo sonst Gemüsehändler ihre Waren anboten, standen Karussells und Buden mit bunten Lichtern. Musik lag in der Luft, und es duftete nach gebrannten Mandeln. Es war Jahrmarkt. Darauf hatte sich Sara schon seit Wochen gefreut.

Es war ihr erster Jahrmarktbesuch. Beim Dosenwerfen gewann sie eine gelbe Plastikrose. Sie probierte rosafarbene Zuckerwatte und sah sich die Geisterbahn an. Allerdings nur von außen. Hineinzugehen traute sie sich nicht. »Das macht nichts«, sagte Mama. »Die Geisterbahn kannst du auch noch im nächsten Jahr entdecken.«

Zum Abschluss ihres Jahrmarktbesuchs kaufte Mama eine große Tüte Schmalzgebäck. Damit setzten sie sich auf eine Bank. Sara und Papa bedienten sich. Hm, das Gebäck war noch warm und schmeckte so gut!

Sara lehnte ihren Kopf gegen Mamas Schulter. Es war so aufregend gewesen auf dem Jahrmarkt. Nun spürte sie, wie sie müde wurde. Stimmengewirr umschwirrte ihren Kopf. Sie gähnte.

Aber auf einmal entdeckte sie das Karussell. Warum hatte sie es vorher noch nicht gesehen? Es stand am Ende des Marktplatzes. Auf seinem Dach leuchteten viele Lichter, und eine wunderschöne Melodie ertönte daraus. Wenn es sich drehte, bewegten sich lauter weiße Pferde. Es waren kleine und große Pferde. Sie sahen aus, als ob sie galoppierten.

»Mit diesem Karussell möchte ich fahren«, sagte Sara. Sie nahm Papa bei der Hand und zog ihn zum Kassenhäuschen. Papa kaufte ihr eine Fahrkarte. »Auf welchem Pferd möchtest du reiten?« Aber Sara konnte sich nicht entscheiden. »Eigentlich finde ich alle schön.«

»Komm, wir gucken sie uns mal genauer an«, sagte Mama. Sie ging mit Sara um das Karussell herum. Die Pferde trugen die Köpfe hoch, und ihre Mähnen sahen aus, als ob sie im Wind flatterten. Dabei waren sie nur aus Holz geschnitzt.

Vor einem der Pferde blieb Sara stehen. Es war dunkler als die anderen und hatte eine silberne Mähne. Sara mochte es sofort. Sie streichelte dem Pferd die Nüstern. »Auf diesem möchte ich reiten«, sagte sie.

»Also gut«, sagte Papa und hob sie hinauf. Sara wunderte sich. Denn der Pferderücken war nicht kalt, sondern warm. Hatte der Karussellbesitzer etwa eine Heizung eingebaut? Noch etwas war merkwürdig: Sara hatte das Gefühl, als würde das Pferd die Ohren spitzen.

Und einen winzigen Moment lang bildete sie sich ein, es hätte leise ge-
schnaubt. Oder war das nur die Karussellmusik gewesen?

»Sara, lächele mal!«, rief Mama. Sie hatte ihr Handy hervorgeholt und
wollte ein Foto machen. Sara winkte. Da begann das Karussell sich auch
schon zu drehen.

Saras Herz schlug schneller. Sie hielt sich an den Zügeln fest, denn nun
bewegte sich ihr Pferd auf und ab. So wie die anderen Pferde, ganz gleichmäßig im Takt. Gleichmäßig? Nein, ihr Pferd wurde immer schneller. Auf
einmal stampfte es wild mit den Hufen auf. Sara hielt sich erschrocken am
Sattelknauf fest. Da sprang ihr Pferd vom Karussell. Im nächsten Augen-
blick galoppierte es mit ihr über die Wiese.

»Nicht so schnell!«, rief Sara. »Sonst falle ich noch runter!«

»Halte dich einfach an meiner Mähne fest«, sagte das Karussellpferd und

streckte seine Beine im Galopp. Im Nu hatte es den Jahrmarkt hinter sich gelassen. Nun bog es in den Wald ein und lief zwischen den Bäumen hindurch.

»Wo willst du denn hin?«, fragte Sara.

»Ist mir egal, Hauptsache, laufen«, sagte das Pferd, und es wurde noch schneller.

Merkwürdigerweise hatte Sara keine Angst. Sie saß fest im Sattel und beugte sich nach vorne, wie die Rennreiter es tun. Ihr Pferd sprang über ein Bächlein und preschte über Wiesen. So lange, bis es sich müde gelaufen hatte und in einen gemächlichen Trab fiel.

»Alles in Ordnung?«, fragte Sara freundlich und klopfte dem Pferd den Hals.

»Jetzt geht es mir besser.« Das Pferd schnaubte. »Auch das geduldigste

Karussellpferd bekommt einen Drehwurm, wenn es sich immer nur im Kreis drehen darf.«

»Verstehe«, sagte Sara, und das tat sie wirklich. »Trotzdem solltest du jetzt umdrehen. Es wird langsam dunkel.«

Das Pferd wechselte die Richtung und trabte zurück. Als sie sich dem Marktplatz und dem Karussell näherten, warteten ihre Eltern schon auf sie. Sara winkte und rief: »Hier sind wir!«

Mama und Papa liefen ihr entgegen. »Wie gut, dass du wieder da bist. Wir wollen nun wirklich nach Hause.«

Da schlug Sara die Augen auf. Mama streichelte ihren Arm. »Sara, wir wollen nach Hause«, sagte sie noch einmal. »Du bist eben schon eingeschlafen.«

»Wo ist das Karussellpferd?«, fragte Sara und sah sich um. Sie saß auf der Bank, und es gab kein Karussellpferd. »Habe ich das alles nur geträumt?« Sie lachte. Das war ein verrückter Traum gewesen.

Sie stand auf und machte sich mit ihren Eltern auf den Nachhauseweg. Doch dann, am Ende des Jahrmarktes, entdeckte sie ein Karussell. Es sah genauso aus wie in ihrem Traum.

»Wartet mal«, sagte Sara. »Kann ich bitte noch auf diesem Karussell fahren?«

»Einverstanden«, sagte Mama. »Aber danach geht es ohne Umwege nach Hause.«

»Versprochen«, sagte Sara.

Sie gingen zum Karussell. Sara staunte. Da war ja auch das Pferd mit der silbernen Mähne. »Auf dem will ich reiten!«, rief sie. Sie beugte sich zu seinen Ohren. »Aber nur, wenn du nicht vom Karussell springst, verstanden?«
Und es war, als würde das Pferd ganz leise schnauben.

Papa setzte sie auf das Pferd. Sie fuhr ein paar Runden. Alle Pferde

bewegten sich im Takt. Alle? Nein, ihr Pferd schaukelte viel schneller als die anderen und wurde erst am Ende wieder langsamer. Als das Karussell stehen blieb, stieg sie ab.

»Danke«, sagte sie zum Karussellpferd und streichelte seine Stirn. »Keine Angst, ich vergesse dich nicht.«

Das Pferd wieherte so leise, dass nur Sara es hören konnte.

Sara ging zu ihren Eltern. »Ich wünsche mir übrigens ein Pferd«, sagte sie.

»Wie stellst du dir das vor?«, fragte Papa. »Wir haben in unserer Wohnung doch keinen Stall.«

»Und unser Balkon ist keine Weide«, sagte Mama.

»Es muss ja kein echtes Pferd sein«, sagte Sara. »Eins aus Holz würde reichen. Am liebsten hätte ich so ein Karussellpferd.«

»Ach so, das ist etwas anderes«, sagte Papa und lachte.

»Ein Karussellpferd im Zimmer sähe eigentlich sogar ganz hübsch aus«, sagte Mama. Sara sah, wie Mama überlegte.

»Wollen wir mal fragen, was es kostet?«, fragte Sara.

Papa seufzte. »Meinetwegen.« Er ging zum Karussellbesitzer und tippte ihm auf die Schulter. »Verzeihung, würden Sie eines Ihrer Karussellpferde vielleicht auch verkaufen?«, fragte er.

»Welches denn?«, fragte der Karussellbesitzer zurück.

Sara zeigte auf das Pferd mit der silbernen Mähne. »Das da.«

»Ach so, das können Sie geschenkt haben«, sagte der Mann. »Es ist kaputt und bewegt sich nicht mehr im Takt. Ich wollte es sowieso austauschen.«

»Danke!«, sagte Papa. »Dann nehmen wir es gleich mit.«

»Hurra!«, rief Sara. »Ich bekomme ein Karussellpferd!«

Der Mann schraubte das Karussellpferd ab. Papa trug es den ganzen Weg nach Hause.

»Siehst du«, sagte Sara, als das Pferd in ihrem Zimmer stand. »Jetzt musst du nicht mehr im Kreis laufen.«

Da schnaubte das Karussellpferd. Es war ein zufriedenes Schnauben.

Sara fand, es war das schönste Pferd der Welt. Und manchmal ritt sie auf ihm über die Felder und durch den Wald. Jedenfalls im Traum.

Besuch vom anderen Stern

Leo war auf dem Spielplatz und kickte einen Ball auf das Tor. Gerade als er mit dem Fuß ausholte, hörte er ein feines, hohes Sirren. Es kam aus der Luft. Ein heftiger Wind kam auf. Blätter, Staub und Erde wirbelten durcheinander. Leo hielt sich die Ohren zu und kniff die Augen zusammen. Als er sie wieder öffnete, konnte er kaum glauben, was er sah: Direkt neben der Sandkiste war ein Raumschiff gelandet.

Ein Raumschiff? Leo schloss die Augen erneut. Das musste ein Traum sein, oder? Er öffnete die Augen wieder. Aber das Raumschiff war immer noch da.

Nun öffnete sich eine Luke, und eine Rampe fuhr aus. Darauf standen zwei seltsame Wesen und winkten ihm freundlich zu. Sie sahen wirklich sehr ungewöhnlich aus. Über ihren spitzen Ohren saßen spiralförmige Antennen, und mitten auf dem Kopf hatten sie kleine Lampen, die nun zu blinken begannen. Sie sahen aus wie Blaulichter bei einem Polizeiauto.

Die Rampe senkte sich, und Leo bekam ihre breiten, langen Füße zu sehen. Sie sahen aus, als hätten die Wesen sich Taucherflossen umgeschnallt. Als sie die Erde betraten, machten ihre Füße bei jedem Schritt *flatsch, flatsch, flatsch.*

Leo war viel zu verblüfft, um Angst zu bekommen. »Wo kommt ihr denn her?«, fragte er.

83

»Von einem anderen Planeten«, antworteten sie. »Wir sind die Marskinderchen und wollten uns mal auf der Erde umsehen.«

»Und warum?«, fragte Leo.

»Wir wollen wissen, was die Kinder hier spielen«, sagten sie.

»Verstehe«, sagte Leo. Diese Wesen waren also vom Mars. Er hatte schon mal einen Film über Marsmännchen gesehen. Aber er hatte keine Ahnung gehabt, dass die Marsmännchen Kinder hatten. Marskinderchen. »Ich glaube, ich könnte euch helfen«, sagte Leo nun.

»Das wäre sehr nett von dir«, sagte das eine Marskindchen.

»Du könntest uns erzählen, was du so spielst«, sagte das andere. »Und wo wir hier gelandet sind.« Es schaute sich auf dem Spielplatz um. Als es die Rutsche sah, begann das kleine Blaulicht auf seinem Kopf schneller zu blinken. Es sagte: »Wir möchten auch unbedingt wissen, was dieses merkwürdige Ding dort ist.«

»Was das für ein Ding ist?« Leo musste lachen. »Das ist natürlich eine Rutsche. Ihr seid nämlich auf einem Spielplatz gelandet. Hier spielen wir.« Leo legte den Ball ab. Er hatte gar nicht gemerkt, dass er sich daran festgehalten hatte. »Kommt mit, ich zeige euch die Rutsche«, sagte er und ging vorweg. Die Marskinderchen folgten ihm. *Flatsch, flatsch, flatsch.*

»Erst klettert ihr auf die Leiter«, sagte Leo und machte es gleich vor. Als er oben stand, sagt er: »Und nun geht's hinunter.« Er setzte sich auf den Hosenboden und rutschte hinab. Hui, das machte Spaß!

Die Marskinderchen machten es ihm nach. Sie erklommen die Leiter, setzten sich auf die Rutsche und sausten nacheinander hinunter. Als sie unten angekommen waren, machten sie lange Gesichter. »Langweilig«, sagte das eine Marskindchen.

»Öde«, meinte das andere und gähnte.

»Wir würden das anders machen«, sagte das Marskindchen. Es stellte sich

auf die Rutschfläche und ging hinauf. Mit jedem Schritt saugten sich seine Füße am Untergrund fest. *Flop, flop, flop.* »Das ist super!«, verkündete es, als es oben stand. Sein Blaulicht blinkte sehr schnell. Dann sprang es von der obersten Sprosse der Leiter in den Sand.

Das andere Marskindchen machte es nach. »Hi, hi«, kicherte es vergnügt, als es oben angekommen war.

»Das kann ich auch!«, rief Leo und kletterte ebenfalls die Rutsche hinauf. Und das, obwohl er keine Saugnapfschuhe hatte. Er musste sich allerdings an den Rändern festhalten. Oben angekommen, fühlte er sich wie ein Bergsteiger. Zum Abschluss sprang er zwar nicht von der obersten Leiterstufe, aber immerhin von der vorletzten in den Sand. Geschafft!

Als Nächstes kletterten die Marskinderchen auf der Rückseite der Rutschfläche hinauf. Kopfüber! Leo versuchte es auch. Aber obwohl er sich mit beiden Händen an den Seiten der Rutsche festhielt, kam er nicht sehr weit. Nach kurzer Zeit ließ er sich in den weichen Sand plumpsen.

»Und was ist das?«, fragte das eine Marskindchen. Es zeigte auf die Schaukeln, die am anderen Ende des Spielplatzes standen.

»Das sind die Schaukeln«, erklärte Leo. »Ich zeige euch, wie man schaukelt.« Leo lief hin und setzte sich auf das Schaukelbrett. Mit den Füßen gab er sich Anschwung. Er schaukelte höher und höher. »Super, oder?«, rief er den Marskinderchen zu. »Wollt ihr auch mal?«

Die Marskinderchen nickten.

Leo sprang von der Schaukel. »Jetzt seid ihr an der Reihe.«

Das erste Marskindchen schaukelte. »Das ist ja doof«, sagte es.

Das zweite probierte es ebenfalls aus. Es verzog das Gesicht. »Ich schlafe gleich ein.«

Lieber kletterten sie mit ihren Saugfüßen das Schaukelgerüst hinauf und balancierten über die Metallstangen. »Super!«, riefen sie begeistert. »Einfach toll!«

Leo sah ihnen dabei zu. Er selbst würde niemals dort hinaufklettern! Denn wenn er hinunterfiel, würde er sich Arme und Beine brechen.

Doch dann hatte er eine neue Idee. Er holte seinen Ball und versuchte,

durch das Schaukelgerüst hindurch-
zuzielen.

Das machten die Marskinderchen
nach. Ihre Blaulichter begannen zu
blinken. Aber war Ballspielen etwa
auch neu für sie? »Kennt ihr Fußball?«, fragte Leo.

Die beiden schüttelten den Kopf, sodass ihre Antennen wackelten.

Leo stellte eins der Marskinderchen vor
das Tor. Dann brachte er ihnen ein paar
Spielzüge bei. Das fanden beide großartig!
Kein Wunder, mit ihren großen Füßen tra-
fen sie immer den Ball. *Flap, flap, flap.*
Schließlich ließen sie sich erschöpft auf den
Boden fallen. »Was ist eigentlich das da?«, fragte
das eine Marskindchen nach einem kurzen Mo-
ment und zeigte auf die Sandkiste. Dort hatte ein
Kind seine Sandförmchen liegen gelassen.

»Das ist eine Sandkiste«, sagte Leo. »Wollen wir
einen Sandkuchen backen?«

»Sandkuchen?« Die beiden Lämpchen der Marskinderchen blinkten schneller. »Zeigst du uns das?«

»Klar«, sagte Leo und lief zur Sandkiste. Er setzte sich
und füllte das Förmchen mit Sand. Dann kippte er es
um. »Das ist ein frisch gebackener Sandkuchen«, verkündete er.

Die zwei Marskinderchen setzten sich zu ihm.

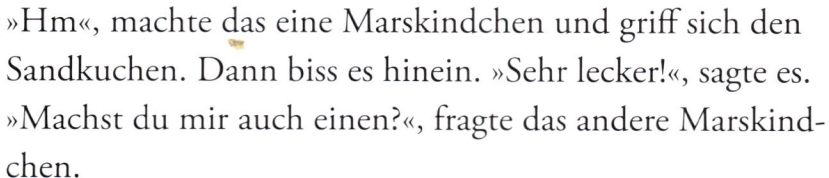

»Hm«, machte das eine Marskindchen und griff sich den Sandkuchen. Dann biss es hinein. »Sehr lecker!«, sagte es. »Machst du mir auch einen?«, fragte das andere Marskindchen.

»Natürlich«, sagte Leo und füllte das zweite Förmchen mit Sand. Das Marskindchen verputzte es bis auf das letzte Sandkorn. Leo machte einen Sandkuchen nach dem anderen. Die Marskinderchen konnten gar nicht genug davon kriegen. Sie saßen in der Sandkiste und stopften sich Sand in den Mund. So lange, bis das Raumschiff wieder zu sirren begann.

»Wir müssen los«, sagte das eine Marskindchen. »Aber wenn du möchtest, kannst du gern mit uns kommen. Dann zeigen wir dir unsere Spiele auf dem Mars.«

Leo überlegte kurz. Aber dann entschied er sich doch dafür, auf der Erde zu bleiben. Er wusste ja nicht mal, ob sie ihn wieder zurückbringen würden. Und ob es auf dem Mars vielleicht nur Sand zu essen gab!

Nachdem die Marskinderchen eingestiegen waren, erhob sich das Raumschiff in die Lüfte. Leo winkte ihnen noch lange nach. Er würde nie vergessen, wie er mit diesen beiden witzigen Wesen mit den großen Füßen und den Blinklichtern gespielt hatte.

Später zeigte er seinen Freunden alle Spiele, die er mit den Marskinderchen ausprobiert hatte. Noch heute klettern Leo und seine Freunde die Rutsche gern mal verkehrt herum hinauf. Im Sommer ziehen sie dabei ihre Schuhe aus, und dann machen ihre Füße ein lustiges Geräusch. *Platsch, platsch, platsch.*

Ivana will in die Schule gehen

Ivana möchte so gern in die Schule gehen. So wie ihr großer Bruder. In der nächsten Woche wird Niklas eingeschult. Er hat mit Mama schon einen Ranzen gekauft und neue Schuhe, damit er nicht die Turnschuhe mit den Löchern trägt. Zur Einschulung kriegt er auch eine Schultüte, die mit lauter kleinen Geschenken gefüllt ist. Ivana findet das ungerecht. Warum darf er all diese Sachen haben und außerdem noch in die Schule gehen? Sie hat schon ganz schlechte Laune deswegen.

»Du bist im nächsten Jahr an der Reihe«, sagt Mama und legt ihre Hand auf Ivanas Schulter. »Wenn du in die Schule kommst, kriegst du auch einen Ranzen und eine Schultüte.«

»Nächstes Jahr? Pah, das dauert viel zu lange«, sagt Ivana. »Ich will lieber jetzt in die Schule kommen.«

»Aber du zählst doch nun zu den Großen in deiner Kitagruppe«, sagt Mama. »Das ist doch auch sehr schön.«

Ivana findet das gar nicht. Sie möchte viel lieber mal was Neues machen. Etwas, was sie noch nie zuvor gemacht hat.

Einen Tag vor der Einschulung reisen Oma und Opa an. Sie wollen bei der Einschulungsfeier dabei sein. Die findet im größten Raum der Schule statt, in der Aula. Die Lehrer werden auf der Bühne stehen. Sie werden nacheinander alle Schülerinnen und Schüler aufrufen, die in ihre Klasse kommen.

Wenn Niklas an der Reihe ist, muss er ganz allein nach vorne zur Bühne gehen, hat Mama gesagt. Wenn man das geschafft hat, weiß man, dass man ein Schulkind ist.

Am Abend vor dem großen Tag sitzen Mama, Papa, Ivana, Niklas, Oma und Opa beim Abendessen. »Bist du schon aufgeregt?«, fragt Oma Niklas. Niklas schüttelt den Kopf. »Eigentlich nicht, aber ich habe so ein komisches Bauchgrummeln.«

»Dann bist du sicher doch ein bisschen aufgeregt«, sagt Mama.

»Möchtest du noch etwas essen?«, fragt Papa. Er hat für alle eine leckere Lasagne gekocht. Das ist Niklas' Lieblingsgericht.

Aber der schiebt nun den Teller weg. »Nein, danke«, sagt er. »Ich mag nicht. Mir ist fast ein bisschen schlecht.«

»Am besten gehst du heute früh schlafen«, sagt Papa. »Damit du morgen ausgeruht bist.«

Ivana häuft sich die dritte Portion auf den Teller. Hm, Lasagne schmeckt so gut! Da steht Niklas auf und schiebt den Stuhl zurück. Er ist ein bisschen blass im Gesicht. »Also, ähm, ich gehe ins Bett«, sagt er. »Ich fühle mich nicht so gut.«

»Morgen ist bestimmt alles wieder in Ordnung«, sagt Opa. »Gute Nacht, Niklas.«

Als Ivana am nächsten Morgen mit Oma und Opa
am Frühstückstisch sitzt,
kommt Papa in die Küche.
»Niklas geht es gar nicht
gut«, sagt er. »Er hat
ganz hohes Fieber und
schläft noch.«

»Hoffentlich wacht er bald auf. Er hat doch gleich Einschulung!«, sagt Ivana.

»Daraus wird wohl nichts«, entgegnet Papa. »Wenn man krank ist, muss man im Bett bleiben. So ist das nun mal.«

»Und was machen wir beiden jetzt?«, fragt Opa seine Frau. »Wir sind extra den weiten Weg angereist.«

»Wir könnten uns trotzdem Niklas' Schule ansehen«, sagt Oma. »Und Bescheid sagen, dass Niklas krank ist. Damit sich niemand wundert.«

»Bei der Gelegenheit würden wir Niklas' Lehrerin kennenlernen, und wir wären bei der Einschulungsfeier dabei«, sagt Opa und grinst. »So etwas habe ich nämlich noch nie erlebt. Als ich in die Schule kam, gab es keine Feier.«

»Ich finde, das ist eine gute Idee«, sagt Oma entschlossen und tupft sich den Mund mit der Serviette ab.

»Wenn ihr meint«, sagt Papa. »Dann könnt ihr Niklas später erzählen, wie seine Lehrerin ist.«

»Kann ich auch mitkommen?«, fragt Ivana. »Ich habe mich so auf die Feier gefreut.«

»Natürlich kannst du das«, sagt Oma. »Wir fahren gleich los.«

Papa sagt, dass er und Mama zu Hause bleiben und sich um Niklas kümmern werden. Aber wenn Ivana mitwill, muss sie sich jetzt ganz schnell anziehen.

Ivana steht auf und legt einen Blitzstart hin. Sie zieht sich Schuhe und Jacke an und ist als Erste fertig. Da kommen auch Oma und Opa. Sie setzen sich ins Auto und fahren los. Allerdings kennt Oma die Stadt nicht so gut. Es dauert ein bisschen, bis sie die Schule findet. Als sie dort ankommen, sind schon alle Parkplätze besetzt. Oma muss dreimal um den Block fahren, bis sie endlich parken kann.

»Nun aber Beeilung!«, ruft Oma und schaut auf ihre Armbanduhr. »Die Einschulungsfeier geht jeden Moment los.«

Oma, Opa und Ivana laufen zur Aula. Sie haben Glück, denn sie finden noch ein paar freie Plätze. Die dritte Klasse ist gerade auf der Bühne und singt ein schönes Lied. Danach kommt der Schuldirektor und begrüßt alle Familien. Und dann sind die Lehrerinnen und Lehrer an der Reihe. Niklas' Lehrerin heißt Frau Raabe. Ivana findet, dass sie nett aussieht.

»Ach herrje, wir haben ganz vergessen, ihr zu sagen, dass Niklas krank ist«, flüstert Oma.

»Wie hätten wir das denn tun sollen?«, fragt Opa. »Wir hatten ja gar keine Gelegenheit.«

»Und was machen wir jetzt?«, flüstert Oma.

»Nichts«, sagt Opa. »Wir warten einfach ab.«

Ivana hat alles mit angehört. Zu dumm, ihr fällt auch nichts ein.

Frau Raabe holt einen Zettel hervor. »Ich möchte jetzt alle Kinder aufrufen, die in meine Klasse kommen«, sagt sie. »Den Anfang macht Anna Auersberg.«

Ein Mädchen mit kurzen Haaren und einem roten Ranzen geht nach vorne.
Sie steigt das kleine Treppchen hinauf und gibt ihrer Lehrerin die Hand.
»Willkommen, Anna«, sagt Frau Raabe und schenkt Anna eine Sonnen-
blume. Das Publikum applaudiert. Frau Raabe ruft den nächsten Namen
auf. Ein Junge mit Sommersprossen geht nach vorne. So füllt sich die
Bühne nach und nach mit immer mehr Kindern.
Und dann ist es so weit. »Niklas Kaufmann«, sagt Frau Raabe und blickt
über den Brillenrand in die Stuhlreihen.

Oma rutscht unruhig auf dem Sitz umher, und Opa kratzt sich am Hinterkopf. Aber Ivana hat plötzlich eine gute Idee. Sie steht auf. Und obwohl ihr Herz ganz schnell schlägt, bahnt sie sich einen Weg nach vorne. Frau Raabe beugt sich zu ihr. »Du heißt aber nicht Niklas, oder doch?«, fragt sie mit einem Lächeln.

»Nein, ich bin Ivana, die Schwester von Niklas«, sagt Ivana. »Niklas ist krank geworden und kann leider nicht zur Einschulung kommen. Das wollte ich nur sagen.«

»Ach, der Arme«, sagt Frau Raabe. Sie nimmt eine Sonnenblume aus der Vase und überreicht sie Ivana. »Magst du Niklas diese Blume mitbringen und ihm gute Besserung wünschen?«, fragt sie. »Und sage ihm bitte auch, dass ich mich freue, wenn er wieder gesund ist und zur Schule kommt.«

»Ja«, sagt Ivana. »Das mache ich!«

»Danke, dass du mir Bescheid gesagt hast, Ivana«, sagt Frau Raabe.

Im Publikum fängt jemand an zu applaudieren. Ivana sieht, dass es Opa ist. Bald darauf klatschen alle Leute. Ivana wird ganz verlegen. Mit der Sonnenblume in der Hand geht sie an ihren Platz zurück. Was hat Mama neulich gesagt? Wenn man es schafft, ganz allein zur Bühne zu gehen, ist man ein Schulkind. Aber nun weiß Ivana ja, wie es bei der Einschulungsfeier ist. Da kann sie genauso gut noch ein Jahr in die Kita gehen. Denn dort zählt sie jetzt zu den Großen.

Umzug ans andere Ende der Welt

Das war wirklich ein blöder Tag. Jonnas Freundin Lea zog heute mit ihrer Familie aus der Nachbarswohnung aus. Jonna stand am Fenster und sah dabei zu, wie die Möbelpacker Möbel und Kisten in den Umzugswagen verluden. Das machte sie sehr traurig.

Auf dem Gehweg trugen die Möbelpacker nun den Esstisch zum Lastwagen. Jonna kannte ihn gut. Er hatte in der Küche von Leas Wohnung gestanden. Jonna hatte oft bei Lea gegessen. Aber genauso oft war Lea bei ihnen gewesen. Und wenn sie Lea etwas erzählen wollte, klingelte Jonna einfach nur an der Tür.

Jonna und Lea waren nämlich beste Freundinnen. Sie gingen in dieselbe Kita und spielten fast jeden Nachmittag miteinander. Das war nun vorbei. Obwohl Lea nur in einen anderen Stadtteil zog, kam es Jonna vor wie das andere Ende der Welt.

Lea würde auch in eine neue Kita gehen. Das bedeutete, sie würden sich nicht mehr jeden Tag sehen. Dieser Gedanke machte Jonna noch trauriger.

Es klingelte an der Haustür.

»Jonna, da ist Besuch für dich«, rief Papa.

Jonna ging zur Tür. Lea stand davor. Sie hatte einen Zettel in der Hand.

»Ich wollte nur Tschüss sagen«, sagte sie. »Und dir meine neue Adresse geben. Du besuchst mich doch bald, oder?«

»Klar«, sagte
Jonna. »Wenn
Mama oder
Papa mich zu
dir bringen.«
»Das machen
wir natürlich«,
sagte Papa. »So weit
weg wohnt ihr nun auch wieder nicht. Wir können sogar mit dem
Fahrrad zu euch kommen. Und wenn
ihr größer seid, schafft ihr den Weg auch
allein.«
Jonnas Gesicht hellte sich auf. »Du kannst
gleich morgen wieder zu uns kommen«, sagte sie.
Lea schüttelte den Kopf. »Morgen muss ich erst
mal meine Spielsachen auspacken. Aber nächste
Woche musst du dir ansehen, wo ich wohne.«
»Ist gut«, sagte Jonna. »Wir besuchen uns ganz oft, ja?«

UMZUG

»Fast jeden Tag«, sagte Lea. Jonna nahm den kleinen Zettel mit der Adresse. Sie umarmte ihre Freundin und winkte ihr hinterher.

Am nächsten Tag holte Mama Jonna aus der Kita ab. »Wie war es in der Kita?«, fragte sie.

»Blöd«, sagte Jonna mit finsterer Miene.

»Wolltet ihr nicht einen Ausflug zum Spielplatz machen?«, hakte Mama nach.

»Es war aber trotzdem blöd«, sagte Jonna. »Alles ist blöd, wenn Lea nicht da ist.«

»Du kannst sie vielleicht morgen besuchen«, sagte Mama. »Ich habe vorhin mit ihrer Mutter telefoniert.«

Als sie das hörte, freute Jonna sich zum ersten Mal an diesem Tag ein ganz kleines bisschen.

Am nächsten Tag holte Papa sie mit dem Fahrrad aus der Kita ab. Jonna stieg in den Kindersitz, setzte sich den Helm auf, und dann radelte Papa mit ihr zu Leas neuer Wohnung.

So dicht wohnten sie nun auch wieder nicht zusammen, fand Jonna. Sie mussten durch viele Straßen fahren und oft an Ampeln halten. Doch dann waren sie da. Sie hielten vor einem hübschen alten Haus in einer ruhigen Straße. Lea wohnte mit ihren Eltern im dritten Stock. Sie stand schon an der Tür, als Jonna die Treppe hinaufkam. In der Wohnung roch es nach frischer Farbe, und überall standen Umzugskartons herum.

»Ich hole dich dann später wieder ab«, sagte Papa und gab Jonna einen Abschiedskuss. »Bis dann!«

»Tschüss, Papa«, sagte Jonna. Lea zeigte Jonna ihr neues Zimmer. Es war viel größer und heller als das alte. Und es hatte sogar einen Balkon. »Vielleicht kann ich Kaninchen bekommen«, erzählte Lea. »Der Stall könnte auf dem Balkon stehen.«

»Das wäre ja schön«, sagte Jonna. »Ich kann vielleicht auch eins kriegen. Dann können wir Geschwister nehmen, und sie können sich manchmal besuchen.« Die Idee fand Lea auch gut.

Jonna sah sich in Leas Zimmer um. Das Bett war schon aufgebaut und der kleine Schreibtisch auch. Neben dem Bett hatte Lea ihre Kuscheltiere hingesetzt. Lea und Jonna spielten mit ihnen, wie sie das immer machten, und sie langweilten sich keine Sekunde.

»Nächstes Mal kommst du zu mir«, sagte Jonna, als sie abgeholt wurde. »Damit du nicht vergisst, wie mein Zimmer aussieht.«

»Ist gut«, sagte Lea und winkte zum Abschied.

Am nächsten Tag spielte Jonna in der Kita mit Lasse. Sie stellten die Holzeisenbahn auf und bauten einen riesigen Wolkenkratzer aus Bauklötzen. Gleich morgen wollten sie weiterspielen. Lasse war wirklich nett.

Als Jonna nach Hause kam, hatte Mama Neuigkeiten für sie. »Unsere neuen Nachbarn haben sich heute vorgestellt«, sagte sie. »Es ist wieder eine Familie, und sie haben ein Mädchen, das genauso alt ist wie du.«

»Wann ziehen sie ein?«, fragte Jonna. »Bald?«

»Am Wochenende«, sagte Mama. »Die neuen Nachbarn haben sich sehr gefreut, als ich ihnen von dir erzählt habe. Du wirst sie bestimmt gleich nach dem Einzug kennenlernen.«

Am Samstag schaute Jonna wieder zum Fenster hinaus. Ein großer Umzugswagen parkte vor der Tür. Diesmal luden die Möbelpacker Umzugskartons und Möbel aus und trugen sie in die Wohnung.

Jonna war sehr gespannt auf das neue Mädchen. Sie brauchte nicht lange zu warten. Schon am nächsten Vormittag klingelte es. Ein Mädchen stand vor

der Tür. Sie hatte kurze dunkle Haare. Und sie lächelte Jonna an. »Hallo, ich bin Lisa und wohne jetzt nebenan. Wollen wir zusammen spielen?« »Gern«, sagte Jonna. »Ich heiße Jonna. Komm, ich zeige dir unseren Spielplatz.«

Jonna fand Lisa wirklich nett, und sie spielten den ganzen Vormittag zusammen. Sie verabredeten sich auch gleich für den Nachmittag. Und für den nächsten Tag nach der Kita. So kam es, dass Jonna eine neue Freundin bekam. Sie wurde oft von Lisas Eltern zum Essen eingeladen. Und fast genauso oft kam Lisa zu ihnen. Jonna spielte natürlich immer noch gern mit Lea. Sie besuchte sie dann in ihrer neuen Wohnung. Oder Lea kam Jonna besuchen. Und manchmal spielten sie dann sogar zu dritt: Jonna mit ihren beiden besten Freundinnen Lea und Lisa.

Nichts ist wie sonst

Als Noah an diesem Morgen in die Küche kommt, ist nichts wie sonst. Es duftet nicht nach frischem Kaffee, das Radio ist aus, und es steht kein Papa an der Arbeitsplatte und macht Frühstück. Noah versteht das nicht. Ist Papa etwa schon zur Arbeit gefahren und hat ihn vergessen? Aber nein, im Flur entdeckt er Papas Schuhe. Die zieht Papa immer an, wenn er ins Büro geht. Aber wo ist er dann?

Noah läuft in Papas Schlafzimmer. Die Vorhänge sind zugezogen, und es ist dunkel im Raum. Da ist Papa. Er liegt im Bett und schläft. Noah läuft zu ihm hin und rüttelt ihn wach. »Papa, du musst aufstehen. Ich muss doch in die Kita«, sagt Noah. »Und du musst ins Büro.«

»Wie bitte?« Papa schlägt mühsam die Augen auf und schließt sie gleich wieder. »Ich glaube, ich bin krank«, sagt er und stöhnt. »Mein Kopf tut weh, und ich habe Halsschmerzen.« Er setzt sich ächzend auf. »Mein Körper fühlt sich an wie Blei.«

Noah weiß nicht, was er machen soll. Papa war noch nie krank. »Soll ich dir eine Geschichte vorlesen?«, fragt Noah. Als er einmal krank war, hat Papa ihm aus dem Märchenbuch vorgelesen. Leider kann Noah noch nicht lesen. Aber er könnte mit Papa ein Bilderbuch ansehen.

»Danke, nein«, sagt Papa und fasst sich an den Kopf. »Aber könntest du mir bitte ein Glas Wasser bringen?«

»Mach ich!« Noah flitzt los. »Bin schon unterwegs.«

Noah läuft in die Küche. Um an den Wasserhahn ranzukommen, muss er sich einen Stuhl vor das Waschbecken stellen und hinaufklettern. Er ist ja noch klein. Den Stuhl braucht er auch, um an den Schrank zu kommen, in dem die Gläser stehen.

Noah steigt auf den Stuhl und von dort auf die Arbeitsplatte. Jetzt kann er den Schrank öffnen. Doch dabei kommt er mit dem Fuß gegen die Müslipackung, die Papa schon für den Morgen bereitgestellt hat. Die Packung fällt auf den Boden, und nun sind die Müsliflocken auf dem Küchenboden verstreut.

»Mist«, schimpft Noah. »Auch das noch.« Er rudert mit den Armen. Beinahe wäre er von der Arbeitsplatte gefallen. Das hätte gerade noch gefehlt! Vorsichtig nimmt er ein Glas aus dem Schrank, kniet sich hin und füllt es mit Wasser. Es ist nur gar nicht so einfach, mit einem vollen Wasserglas vom Stuhl zu klettern. Obwohl er sich große Mühe gibt, es gerade zu halten, verschüttet er die Hälfte auf den Boden.

Noah darf das Glas auf keinen Fall loslassen. Wenn es runterfällt, geht es kaputt und zerspringt in hundert Scherben. Doch dann ist es geschafft.

Er rutscht vom Stuhl. Dabei tritt er mit den Füßen in die Müsliflocken auf dem Boden. »Igitt, das ist ja ganz matschig«, sagt Noah. Er überlegt, warum. Klar, das Wasser ist auf die Müsliflocken getropft.

Jetzt bringt Noah das Wasserglas zu Papa. Dabei hinterlässt er eine Müslispur im Flur. »Hier«, sagt er, als er an Papas Bett steht. »Dein Wasser.«

»Danke«, sagt Papa und blinzelt Noah müde an. Papa ist so anders, wenn er krank ist. Er lacht gar nicht und macht keine Witze. Noah möchte seinen alten Papa zurück. »Sag mal, bist du noch im Schlafanzug?«, fragt Papa.

»Ja«, sagt Noah. »Was denn sonst?«

»Kannst du dich bitte anziehen, sonst erkältest du dich und wirst am Ende auch noch krank«, sagt Papa.

»Ist gut«, sagt Noah. Er geht in sein Zimmer und zieht sich an. Als er zurückkommt, schläft Papa. Noah grübelt wieder, was er jetzt machen soll. Vielleicht sollte er frühstücken. Sein Magen knurrt nämlich ganz doll. Bisher hat Papa ihm immer sein Frühstück gemacht. Aber bestimmt

bekommt Noah das auch selber hin? Er holt die Milch aus dem Kühlschrank und hebt die Müslipackung vom Boden auf. Die restlichen Müsliflocken muss er jetzt in eine Schüssel füllen. Aber die sind auch im Wandschrank. Oje! Also muss Noah den Stuhl wieder heranschieben, hinaufsteigen und die Schüssel herausholen. Das kann er ja schon. Diesmal klappt es auch viel besser. Noah füllt seine Haferflocken in die Schüssel und kippt Milch obendrauf. Geschafft!

Er setzt sich mit der Schüssel auf das Sofa. Leider verschüttet er dabei etwas Milch. Hoffentlich sieht Papa das nicht! Da knurrt Noahs Magen wieder, er muss jetzt also erst mal etwas essen.

Als Noah fertig ist, lässt er die Schüssel vorsichtig in die Spüle fallen, denn die ist ziemlich hoch für ihn. Er hört ein Klirren. Sie wird doch nicht kaputtgegangen sein? Um nachzusehen, zieht er sich an der Spüle hoch. Tja, die Schüssel ist tatsächlich kaputt. Aber er muss die Scherben wohl dort liegen lassen, bis Papa wieder gesund ist.

Noah überlegt, was er als Nächstes machen soll. Allein kann er nicht in die Kita gehen. Jemand muss ja auch auf Papa aufpassen! Deshalb beschließt er, heute zu Hause zu bleiben.

Da fällt ihm ein, dass Papa sonst auch immer einkaufen geht und kocht. Oje. Noah weiß gar nicht, wie er das machen soll. Er war ja noch nie alleine einkaufen. Und er hat auch noch nie etwas gekocht. Vielleicht weiß Papa, wie er das machen kann?

Noah geht in Papas Zimmer. Super, er ist wach! Na ja, wenigstens halb wach.

»Noah, holst du mal bitte das Telefon her?«, sagt Papa mit schwacher Stimme zu ihm.

»Ja, mache ich«, sagt Noah und rennt los. Das Telefon liegt auf dem kleinen Tisch neben dem Sofa. Er flitzt mit dem Telefon zurück zu Papa.

105

»Könntest du Oma sagen, dass ich krank bin und Hilfe brauche?«, fragt Papa. »Das wäre ziemlich gut.«

»Aber wo muss ich denn drücken?«, fragt Noah.

»Zeig mal her«, sagt Papa. »Hier.«
Noah hält das Telefon ans Ohr. Es tutet. Ist jemand zu Hause? Bitte!
»Hallo, bist du das, Frank?«, meldet sich eine Stimme.

»Frank? Nein, hier ist Noah«, sagt Noah. Er muss kurz überlegen, wer Frank ist. Aber dann fällt ihm ein, dass Papa Frank heißt. Für andere. Für ihn ist er nur Papa. »Ist da Oma?«, fragt Noah.

»Ja, mein Schatz, hier bin ich«, sagt Oma. »Wie schön, dass du mich anrufst. Was gibt es denn?«

»Papa ist krank, kannst du kommen?«, fragt Noah.

»Natürlich«, sagt Oma. »Ich mache mich gleich auf den Weg.« Da ist Noah sehr froh! Wenn Oma kommt, kann er endlich eine Pause machen. Es ist ganz schön anstrengend, sich um alles zu kümmern. Wie gut, dass Oma ganz in der Nähe wohnt.

Schon bald klingelt es an der Tür. Noah fliegt Oma in die Arme. »Wir schaffen das schon«, sagt Oma. Noah nickt. »Wo ist denn der Patient?«, fragt Oma. Noah führt sie in Papas Schlafzimmer. Oma legt die Hand auf Papas Stirn. »Ich glaube, dein Papa hat eine Grippe«, sagt sie. »Aber keine Angst, er ist bald wieder gesund.«

Das ist gut, findet Noah. Auf einmal ist er sehr erleichtert. Er freut sich so sehr, wenn Papa bald wieder so ist wie immer! Oma kocht einen Kräutertee und schaut sich in der Küche um. »Wie sieht es denn hier aus?«, fragt sie. »In der Spüle liegt eine zerbrochene Schüssel, auf dem Boden sind Müsliflocken, auf dem Sofa ist ein großer Fleck, und eine Drecksspur führt in Papas Zimmer.«

»Das war ich«, sagt Noah mit leiser Stimme. »Ich habe versucht, Papa zu helfen.«

»Dann ist es ja gut, dass ich jetzt da bin«, sagt Oma. Sie bindet sich eine Schürze um, putzt die Wohnung, bringt Papa Tee, geht zusammen mit

Noah zum Einkaufen, holt Medizin aus der Apotheke, und abends kocht sie leckere Spaghetti. Dann bringt sie Noah ins Bett.

Oma hat versprochen dazubleiben, bis Papa wieder gesund ist. Noch ein paar Tage lang ist nichts wie sonst, findet Noah. Aber dafür ist es gar nicht mal so schlecht.

Himbeeren im Bauch

Heute geht Ella auf Kitareise. Sie hat mit Mama schon alles in den roten Koffer gepackt: das Nachtzeug, die Zahnbürste, das Handtuch, die Plastikdose und natürlich Leander, ihr kleines Kuschelschaf. Mit ihrer Kitagruppe will Ella zu einem Bauernhof fahren, wo ganz viele Himbeeren an den Wegen wachsen. Man braucht sie nur abzupflücken und kann sie direkt in den Mund stecken. Das hat Yasemin, die Erzieherin, den Kindern erzählt. Ella mag Himbeeren so gern. Zusammen mit Jacob, ihrem besten Freund, will sie ganz viele sammeln. So viele, wie in die kleine Plastikdose passen, die Ella mit auf die Reise nimmt. Das wird eine schöne Kitareise!

»Bist du fertig, Ella?«, fragt Mama und schaut auf die Uhr. »Wir müssen jetzt wirklich los.«

Ella schlüpft in ihre Sandalen und zieht sich die Jacke an. In ihrem Bauch kribbelt es vor Aufregung. Als würden dort schon jetzt lauter Himbeeren durcheinanderpurzeln. Es ist Ellas erste Kitareise. Alle Kinder aus ihrer Gruppe fahren mit.

Mama bringt Ella und ihren roten Koffer mit dem Auto zur Kita. Als sie dort ankommen, steht schon der Reisebus auf dem Parkplatz. Damit fahren sie zum Bauernhof. Es ist nicht nur Ellas erste Kitareise, sondern auch ihre erste Fahrt im Reisebus. Und da drüben sieht sie Jacob. Er steht dicht neben seiner Mama und umklammert ihr Bein. Aber was hat Jacob bloß? Er sieht ganz traurig aus.

Während Mama den roten Koffer im Reisebus verstaut, läuft Ella zu ihm hinüber. »Hallo, Jacob«, ruft sie schon von Weitem. »Gleich fahren wir los! Hast du auch eine Plastikdose für die Himbeeren eingepackt?«

Doch da drückt Jacob sein Gesicht nur noch fester an das Bein seiner Mama.

»Was hast du denn, Jacob?«, fragt Ella ihren Freund. »Freust du dich gar nicht?«

Jacob schüttelt den Kopf. »Ich will nicht auf die Kitareise«, sagt er. »Ich will lieber zu Hause bleiben.«

»Ach, Jacob«, sagt Ella. »Komm doch mit.«

Jacob schüttelt den Kopf, und Tränen glitzern in seinen Augen. Seine Mama streicht ihm über das Haar. »Möchtest du dir denn gar nicht den Bus angucken?«, fragt sie. »Wir könnten uns anschauen, wie er von innen aussieht?«

Da muss Jacob überlegen. Doch, das möchte er. Zusammen mit Ella.

»Komm, Jacob«, sagt Ella und nimmt Jacobs Hand. Gemeinsam laufen sie quer über den Parkplatz zum Bus und steigen ein. Die Sitze sind mit blauem Stoff bezogen und sehen sehr bequem aus. Ella geht mit Jacob den Gang entlang. Die anderen Kinder aus ihrer Kitagruppe haben schon ihre Rucksäcke auf die Plätze gelegt. Aber dort, in der Mitte des Gangs, entdeckt Ella zwei freie Plätze. Sie zieht Jacob mit sich und lässt sich auf den Sitz am Fenster fallen. Mit der Hand klopft sie auf das Polster neben sich. »Das ist dein Platz«, sagt sie zu Jacob. »Dann sitzen wir zusammen.«

Doch nun beginnen Jacobs Lippen zu beben. »Ich will gar nicht wegfahren«, sagt er. »Ich bleibe lieber zu Hause!«

»Und was mache ich mit den ganzen Himbeeren?«, fragt Ella. »Ich habe ja nur eine kleine Plastikdose.«

»Du kannst meine Dose haben«, sagt Jacob. »Die ist groß, da passen ganz viele rein.«

Auf einmal steht Henriette vor ihnen im Gang. Ella spielt manchmal mit ihr. Wenn sie nicht gerade mit Jacob spielt. »Ist der Platz neben dir frei?«, fragt sie Ella und zeigt auf den leeren Sitz.

Ella schaut Jacob an. »Ja, also«, beginnt sie. »Wenn Jacob nicht mitkommt, dann …«

Doch da lässt Jacob sich blitzschnell auf den Sitz plumpsen. »Hier ist schon besetzt«, sagt er. »Denn hier sitze ich.«

Ella lacht. Sie hat es ja gewusst. Jacob kommt mit auf die Kitareise. Und wieder kribbelt es so, als hätte sie schon jetzt ganz viele süße Himbeeren im Bauch.

Leyla, die Piratentochter

Die Südsee war spiegelglatt, und es wehte kein Lüftchen. Die *Dicke Berta*, das schnellste und wendigste Piratenschiff der Meere, dümpelte traurig vor sich hin. Samantha seufzte. So langweilig war manchmal das Piratenleben. Sie sehnte sich danach, zusammen mit ihrer Crew Kisten voller Gold, Fässer mit kostbaren Gewürzen und andere Schätze zu erbeuten. Das war schließlich ihr Beruf. Samantha war die Anführerin der Piratenbande, und alle hörten auf ihr Kommando.

Alle? Nein, ihre Tochter Leyla hatte ihren eigenen Kopf. Und ziemlich häufig wollte sie etwas ganz anderes als ihre Mama.

An diesem Abend waren Samantha und Leyla in den Ausguck geklettert, um Ausschau nach Schiffen zu halten. Doch alles, was sie erblickten, war eine Insel. Sie trieben langsam darauf zu. Der weiße Küstenstreifen hob sich vom Wasser ab, und dahinter breitete sich der grüne Dschungel aus.

Als Samantha das sah, besserte sich ihre Laune, und sie gab das Kommando zum Landen. »Diese Insel werden wir erkunden«, sagte sie und rieb sich vergnügt die Hände. »Wer weiß, was für Schätze dort vergraben sind.«

»Oh ja!«, rief Leyla und hüpfte aufgeregt auf und ab. »Und ich werde mich im Dschungel umsehen.«

Samantha ließ das Fernrohr sinken und schaute ihre Tochter an.

»Ich fürchte, damit musst du bis morgen warten, mein Schatz«, sagte sie. »Jetzt ist Schlafenszeit, schon vergessen?«

»Nein!« Leyla stampfte wütend mit dem Fuß auf. »Ich will jetzt nicht schlafen gehen!«

»Selbstverständlich tust du das«, sagte Samantha und beugte sich hinab, um ihrer Tochter einen Gutenachtkuss zu geben. »Ab in die Koje mit dir.«

Aber Leyla drehte ihren Kopf weg. Sie wollte keinen Kuss. Sie wollte an Land gehen, so wie die anderen. »Ich will aber mitkommen!«, sagte sie.

»Schlafenszeit ist Schlafenszeit«, erwiderte Samantha. »Und du gehst dir jetzt bitte die Zähne putzen.«

»Das ist gemein!«, schimpfte Leyla und weigerte sich, auch nur einen Schritt zu tun.

Samanthas Stimme wurde lauter. Leylas auch, und die Piraten verdrehten die Augen. Wenn sich Mutter und Tochter stritten, konnte es Stunden dauern. Piet, der am Steuerrad stand, blickte seufzend in den Himmel und schaute sich den Flug der Möwen an. Knud, der das Deck schrubbte, legte sich auf die Taurolle und machte ein Nickerchen. Auch die restlichen Piraten ließen alles stehen und liegen und taten, wozu sie gerade Lust hatten. Samantha würde mit ihrer Tochter beschäftigt sein und hatte keine Zeit, Kommandos zu geben.

Es hatte nur niemand daran gedacht, dass die Insel immer näher kam. Auf einmal machte es kräftig *Rums!*, und das Schiff war gestrandet.

»Jetzt ist es aber genug!«, rief Samantha. »Ich muss mich um die *Dicke Berta* kümmern, und du gehst auf der Stelle schlafen. Keine weitere Diskussion!«

Grummelnd verzog Leyla sich in die Kajüte.

Samantha befahl, den Anker zu setzen, und warf eigenhändig eine Strickleiter über das Schiffsgeländer. Dann trommelte sie ihre Männer zusammen, befahl ihnen, die Hosenbeine hochzukrempeln und mit ihr auf Entdeckungstour zu gehen.

Die ganze Mannschaft, bis auf Leyla, kletterte vom Schiff und stapfte durch kniehohes Wasser an den Strand. Noch ahnte Samantha nicht, dass sie beobachtet wurden …

Auf der Insel lebten nämlich Strandräuber. Und die lagen auf der Lauer. Strandräuber warteten nur darauf, dass ein Schiff bei der Insel strandete. Wenn das geschah, gingen sie an Bord und stahlen alles vom Schiff, was nicht niet- und nagelfest war. Ihre Schätze versteckten sie auf der Insel. Eigentlich waren Strandräuber so ähnlich wie Piraten, nur dass sie nicht auf dem Wasser waren, sondern an Land.

Der Anführer der Strandräuber hieß Hans. Als er sah, wie Samantha und ihre Männer im Dschungel verschwanden, gab er das Kommando. »Alle Mann auf das Schiff«, rief er. »Dann räumen wir den Laderaum leer!«

So machten sie es. Die Strandräuber wateten durch das Wasser, kletterten die Strickleiter hinauf und schwangen sich über die Reling des Schiffs. Doch als sie an Deck waren, stieß Hans den Wischeimer um, den Knud achtlos stehen gelassen hatte. Das Poltern weckte Leyla. Sie rieb sich die Augen, setzte sich kerzengerade im Bett auf und lauschte. Irgendwas stimmte hier nicht! Was waren das für fremde Stimmen? Auf leisen Sohlen huschte sie zum Bullauge und schaute hinaus. Dort waren fremde Männer. Sie stiegen in den Laderaum und kamen mit Samanthas Gewürzfässern, dem Gold und den Schätzen wieder hervor.

Oje! Leyla schluckte. Von ihrer Mama und den Piraten fehlte jede Spur. Nun musste sie ganz allein das Schiff verteidigen! Leyla war nicht weniger mutig als Samantha. Und mindestens genauso einfallsreich. Sie nahm ein Stück Kohle und schwärzte sich das Gesicht. Dann setzte sie sich den großen Hut von Knud auf den Kopf und zog Piets Mantel an. Zuletzt schnappte sie sich einen Degen.

So erschien sie an Deck, schwang die Waffe und stimmte ein schauriges

Piratenlied an. Strandräuber Hans und seine Leute ließen vor Schreck ihre
Beute fallen. »Der Klabautermann!«, rief Hans. »Nichts wie weg hier!«
»Hilfe!«, riefen die Männer. Vor dem Klabautermann hatten sie Angst, denn
das war ein Kobold. Und wenn er sich zeigte, brachte das Unglück.
Alle Strandräuber stürmten davon. Sie sprangen von Bord,
wateten an den Strand und liefen zu ihren Hütten.
Währenddessen hatten die Piraten sich auf der Insel
umgesehen. Aber nicht nur das: Sie hatten die
Schätze der Strandräuber gefunden.

Es waren so viele Schatzkisten, dass die Piraten schwer zu tragen hatten. Ächzend kehrten sie auf das Schiff zurück.

»Nanu, du bist ja noch wach!«, sagte Samantha erstaunt, als sie ihre Tochter erblickte. »Und wieso bist du eigentlich so dreckig im Gesicht? Hast du dich etwa vor dem Schlafengehen nicht gewaschen?«

Leyla schüttelte den Kopf. »Nein, das war anders«, sagte sie. Und dann erzählte sie, was sie erlebt hatte.

Samantha war sehr erleichtert, dass ihrer kleinen Tochter nichts passiert war. Und überdies sehr froh, dass sie die Strandräuber vertrieben und die Schätze der Piraten gerettet hatte. »Siehst du«, sagte sie zu Leyla. »Dann war es doch gut, dass ich dich in die Kajüte zum Schlafen geschickt habe.«

»Nein, es war gut, dass ich aufgewacht bin, Mama!«, sagte Leyla. »Und beim nächsten Mal bleibe ich lieber gleich wach.«

Da war ihrer Mutter anderer Meinung. Sie begannen wieder zu streiten.

Und vielleicht machen sie das noch heute. Es könnte aber auch sein, dass sie gerade ihre Ladeluke mit neuen Schätzen füllen.

Die verkehrte Badehose

Anton kann schon ein bisschen schwimmen. Aber nur, wenn er Schwimmflügel trägt. Gestern hat er mit Papa im Badesee geübt. Antons Schwester Greta hat es ihm vorgemacht. Sie schwimmt richtig gut, aber sie ist ja auch ein Jahr älter als Anton und geht schon in die Vorschulgruppe der Kita.

Papa hat Anton gezeigt, wie er die Beine beim Schwimmen bewegen soll. Wie ein Frosch, der hüpft. Die Armbewegungen gehen so: Erst streckt man sie nach oben aus wie ein Pfeil. Dann öffnet man sie zur Seite. Dabei beschreiben die Arme einen Halbkreis, so, als wären sie ein Bogen.

Anton findet es nicht schwer, nur mit den Armen zu schwimmen oder nur mit den Beinen. Aber alles gleichzeitig? Puh, das schafft er noch nicht. Doch das soll sich bald ändern! Papa hat Anton zum Schwimmkurs im Hallenbad angemeldet. An diesem Nachmittag geht es los. Dort lernt Anton schwimmen. Ganz ohne Schwimmflügel.

»Anton, hast du deine Badesachen eingepackt?«, fragt Papa aus dem Flur. »Wir müssen gleich los.«

»Mach ich sofort!«, ruft Anton, flitzt mit der großen Tasche ins Badezimmer und sammelt die Schwimmsachen ein, die Papa zum Trocknen über den Badewannenrand gelegt hat. Anton ist so aufgeregt, dass sein Herz schneller schlägt. Er zieht sich Jacke und Schuhe an, und nun ist er so weit.

Papa und Anton steigen auf ihre Fahrräder und radeln zum Schwimmbad. Als sie dort angekommen sind, zeigt Papa Anton die Umkleidekabine, wo sich die Jungen und Männer umziehen. Anton kennt sie schon. Manchmal kommt er mit seiner Kitagruppe hierher.

»Schaffst du es alleine, dich fertig zu machen?«, fragt Papa. »Dann könnte ich zur Kasse gehen und deinen Schwimmkurs bezahlen.«

»Kein Problem«, sagt Anton und nickt. »Ich kenne mich hier aus.«

»Gut, dann komme ich gleich wieder. Warte hier auf mich, ja?«, sagt Papa und lässt Anton allein. Anton öffnet die Badetasche und holt seine Badesachen raus. Das Handtuch, das Duschgel, die Badelatschen und die Badehose. Anton erstarrt. Die Badehose, die er aus der Tasche zieht, ist rosa geblümt. Wie ist das möglich? Seine Badehose ist doch grün. Oje! Anton lässt sich auf die Sitzbank plumpsen. Hat er etwa Gretas Badehose eingepackt? Anton denkt nach. Vielleicht hat er aus Versehen beide Badehosen

eingesteckt, und seine Hose ist noch in der Tasche? Er untersucht sie gründlich, doch seine Hose kann er nicht finden.

Widerwillig zieht Anton die rosa Badehose an. Seine Schwester ist zwar ein bisschen größer als er, aber die Hose passt ihm perfekt. Anschließend packt er seine Anziehsachen in einen von den schmalen Spinden und schließt ihn zu. Den Schlüssel, der an einem gelben Plastikband befestigt ist, bindet er sich um das Fußgelenk. So kann er beim Schwimmen nicht verloren gehen.

Anton betrachtet die rosa geblümte Badehose. Oh, wie blöd er sie findet! Trotzdem geht er jetzt schnell zum Duschen. Vielleicht hat er Glück, und es ist noch niemand anders da. Anton schlüpft in die Badelatschen, klemmt sich das Duschgel und das Handtuch unter den Arm und geht los. Erleichtert stellt er fest, dass er tatsächlich allein im Duschraum ist. Er dreht den Wasserhahn auf und stellt sich unter den warmen Strahl. So gründlich hat er schon lange nicht mehr geduscht. Immer wieder drückt er auf den Knopf und startet den Wasserstrahl neu. Er hat gar keine Lust, zum Schwimmkurs zu gehen. Denn dann sehen ihn alle in der doofen Hose.

Das warme Wasser prasselt auf seinen Rücken. Es prasselt und prasselt. »Anton, bist du hier?« Papa steckt den Kopf in den Duschraum. Er hat seine Schuhe ausgezogen und die Hosenbeine aufgekrempelt, weil man mit Straßenschuhen nicht in die Schwimmhalle darf und in die Duschen erst recht nicht. »Ich habe dich schon überall gesucht«, sagt er. »Alle warten auf dich!«

Da fängt Anton an zu weinen. »Ich habe aus Versehen Gretas Badehose eingepackt, und nun denken alle, ich wäre ein Mädchen«, sagt er, und dicke Tränen kullern ihm über die Wangen.

»Gretas Badehose?«, fragt Papa und guckt an Anton herunter. »Tatsächlich.«

»Ich geh da nicht hin«, sagt Anton und schluchzt. »Ich bleibe hier.«

»Aber das ist doch gar nicht schlimm!«, sagt Papa und legt die Hand auf Antons Schulter. »Weißt du, was ich glaube?«

»Was denn?«, fragt Anton und zieht die Nase hoch.

»Ich glaube, dass niemand auf deine Badehose achten wird. Denn alle sind viel zu aufgeregt vor ihrer ersten Schwimmstunde.«

»Meinst du wirklich?«, fragt Anton.

»Das meine ich«, sagt Papa. »Also, bist du bereit?«

Anton überlegt. »Meinetwegen.«

Anton und Papa gehen in die Schwimmhalle. Am Beckenrand wartet schon die Schwimmlehrerin. Sie hat eine Liste in der Hand und winkt ihm zu. Gleich fragt sie mich, weshalb ich eine rosa Badehose trage, denkt Anton. Aber die Schwimmlehrerin lächelt ihn nur freundlich an. »Hallo, du müsstest Anton sein, willkommen im Kurs!«

»Hallo«, sagt Anton, und er krampft die Zehen in den Badelatschen zusammen. Am liebsten würde er unsichtbar sein. Denn nun gucken ihn alle an. Doch niemand sagt etwas, und niemand zeigt auf seine Badehose.

Die Schwimmlehrerin erklärt, was sie als Erstes machen: »Für unsere erste Übung solltet ihr zu zweit sein. Ihr geht gleich ins Schwimmbecken und werft euch Bälle zu. Bitte sucht euch jemanden, mit dem ihr das machen wollt.«

»Wollen wir zusammen spielen?«, fragt ihn ein Mädchen. »Ich heiße Lena.«

Anton nickt. »Okay.«

»Du hast so eine hübsche Badehose an«, sagt Lena da.

»Findest du wirklich?«, fragt Anton verblüfft. »Sie gehört meiner Schwester, ich habe sie aus Versehen eingepackt.«

Da muss Lena kichern. »Ich habe auch die Badehose von meinem Bruder an«, sagt sie. »Schau mal, da sind lauter Fische drauf.«

Anton muss lachen. Das hatte er noch gar nicht bemerkt. »Die ist aber schön.« Anton mag die Fische auf dem Stoff. Genauso wie Lena die Blumen auf seiner Badehose mag.

Anton und Lena gehen ins Wasser und werfen sich den Ball zu. Das macht Spaß. Und weil Lena die geblümte Badehose so gut gefällt, zieht Anton sie bei der nächsten Schwimmstunde wieder an. Inzwischen gefällt sie Anton eigentlich auch ein bisschen, wenn er ehrlich ist. Doch das ist gar nicht mehr so wichtig. Denn jetzt lernen sie schwimmen!

Maren von Klitzing wurde in Hamburg geboren. Sie hat als Redakteurin für ein Kinder-Umweltmagazin gearbeitet und schreibt seit 2001 Bücher für Kinder und Jugendliche. Mit ihrer Familie lebt sie in Hamburg.

Barbara Korthues, 1971 geboren, studierte Visuelle Kommunikation in Münster. Sie lebt und arbeitet als freie Illustratorin im Münsterland und hat bereits zahlreiche Kinderbücher veröffentlicht.

Vorlesen macht glücklich!
Für jede Gelegenheit die richtige Geschichte

ISBN 978-3-7707-2953-1
Ab 3 Jahren

ISBN 978-3-7707-2822-0
Ab 5 Jahren

ISBN 978-3-7707-2919-7
Ab 3 Jahren

ISBN 978-3-7707-4014-7
Ab 5 Jahren

ISBN 978-3-7707-2647-9
Ab 4 Jahren

ISBN 978-3-7707-2468-0
Ab 3 Jahren

ISBN 978-3-7707-2491-8
Ab 3 Jahren

Weitere Informationen unter **www.ellermann.de**

ellermann
DER VORLESEVERLAG